PASSION **RISOTTO**

Online-Kochservice
Wenden Sie sich an uns, wenn Sie Fragen haben. Anregungen sind jederzeit willkommen. info@so-kocht-suedtirol.it

sokochtsuedtirol

Einfach QR-Code scannen und auf unserer Internetseite informieren:
www.so-kocht-suedtirol.it

Heinrich Gasteiger + Gerhard Wieser + Helmut Bachmann

H. Gasteiger G. Wieser H. Bachmann
So kocht Südtirol Team

PASSION RISOTTO

Über 70 leckere Variationen des italienischen Klassikers

ATHESIA VERLAG

INHALT

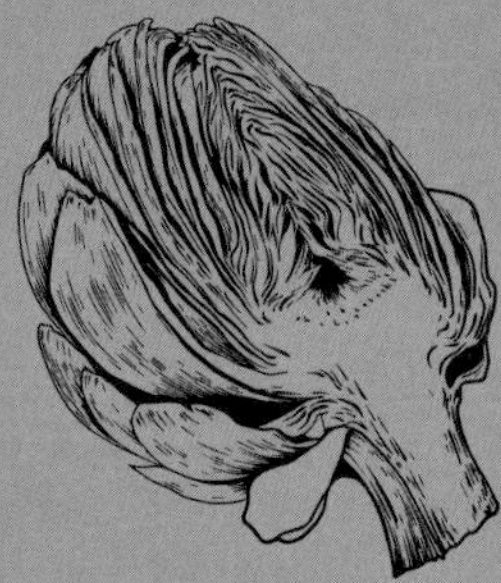

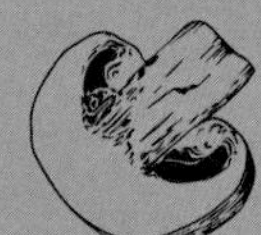

BRÜHEN & SAUCEN

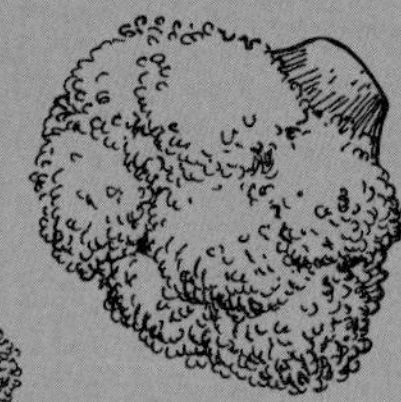

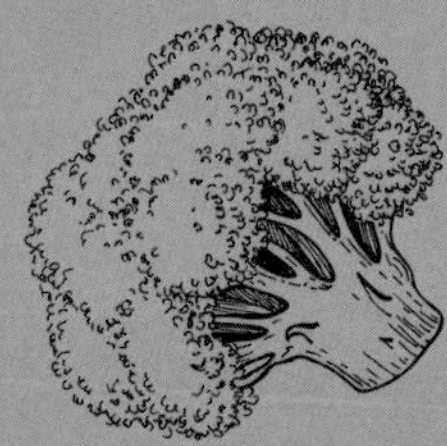

SCHRITT FÜR SCHRITT

GEMÜSE & GETREIDE

REZEPTE

REZEPTE

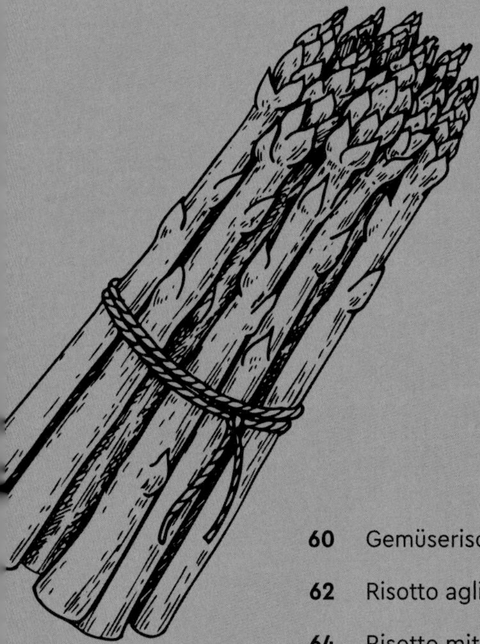

KRÄUTER & PILZE

KÄSE & FLEISCH

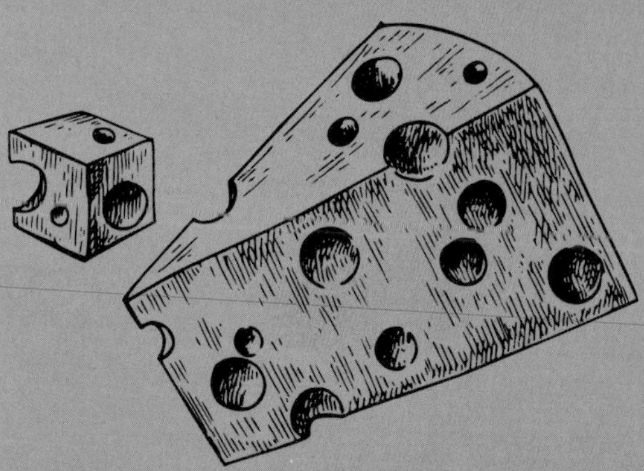

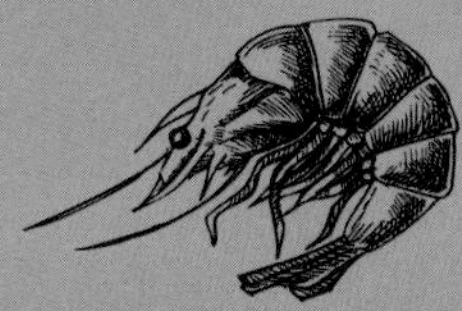

FISCH & MEERESFRÜCHTE

SÜSSES

So kocht Südtirol
Team
H. Gasteiger

LIEBE RISOTTOFREUNDE,

Risotto, Pasta, Polenta: Das ist so etwas wie die Basis der italienischen Küche. Kaum ein Menü kommt ohne sie aus, auf der Speisekarte fehlen sie nie und meist gibt es sie in unterschiedlichsten Varianten. Schließlich ist der Risotto, dem dieses Buch gewidmet ist, ein Alleskönner, und sollten Sie Reis zu Hause haben, lässt sich aus so ziemlich allem, was Sie in Ihrem Kühlschrank finden, ein Risotto zaubern: mit Gemüse, mit Kräutern, mit Käse, mit Pilzen, mit Fleisch, mit Fisch oder auch mit Meeresfrüchten.

Dass der Risotto ein derart vielfältiges Gericht ist, liegt an seiner Geschichte. Wie die Pasta war Reis ein zentraler Energielieferant, mit dem man seit jeher einfach und günstig Hungrige satt kriegen konnte. Um diesen Energielieferanten aufzupeppen, nutzte man, was die Vorratskammer hergab. So verwundert es auch nicht, dass es regional ganz unterschiedliche Risotti (der italienische Plural von Risotto) gibt. Sie orientieren sich an dem, was die jeweilige Region zu bieten hat. Und das ist in den Bergen nun einmal etwas ganz anderes als am Meer.

Es ist diese Vielfalt, die wir in diesem Buch abzubilden versuchen. Deshalb finden Sie auf den folgenden Seiten nicht nur nützliche Tipps und Wissenswertes zu Reis und Risotto, sondern auch – und vor allem – eine ganze Reihe von Rezepten, die die ganze oben genannte Palette abdecken.

Ein Tipp noch: Lassen Sie sich von dieser Vielfalt nicht abschrecken, sondern inspirieren! Alle Rezepte sind leicht nachzukochen. Das garantieren wir.

Ihr „So kocht Südtirol"-Team
Heinrich Gasteiger, Gerhard Wieser und Helmut Bachmann

Flaches Land, viel Wasser: In der Poebene schlägt das Herz des italienischen Reisanbaus. Dieser sorgt für die Hälfte der gesamten europäischen Reisproduktion.

VON RISO UND RISOTTO

Will man das Geheimnis des besten Risottos lüften, gilt es zuallererst, die Grundlagen zu klären. So ist der Risotto **eine der beliebtesten Vorspeisen der italienischen Küche.** Zwar gibt es den Risotto mittlerweile in ganz Italien, eigentlich stammt er aber aus dem Norden, also vor allem aus jenen Regionen, in denen Reis angebaut wurde: aus der Lombardei, aus Venetien und aus dem Piemont.

Schließlich leitet sich der Risotto vom *riso* ab, vom italienischen Wort für Reis also. Dieser ist im Stiefelstaat bereits seit der Römerzeit bekannt, allerdings galt er über Jahrhunderte nicht als Lebens-, sondern als **Heilmittel.** So erinnerte bereits Horaz daran, dass eine ganze Reihe von Krankheiten mithilfe eines Reis-Absuds bekämpft werden könnte. Nachweislich **angebaut** wird Reis in Italien dagegen erst **ab der Hälfte des 15. Jahrhunderts** und mit dem Anbau schafft das Getreide auch den Sprung vom Medizinschrank in die Vorratskammer.

Reisgeografie

Der Ursprung des Reisanbaus in Italien liegt in der Lombardei, aber schon bald erreicht er die ausgedehnten Sümpfe der **Poebene.** Dort herrschen optimale klimatische Bedingungen für den Anbau einer Tropenpflanze, die Wasser, Wasser und noch einmal Wasser braucht. Deshalb ist es kein Wunder, dass noch heute Italiens größter Fluss die Hauptschlagader ist, die das Herz des Reisanbaus versorgt. Übrigens: Italien produziert etwa gleich viel Reis wie der Rest Europas zusammengenommen.

VOM FELD AUF DEN TELLER

Der Reisanbau ist eine Wissenschaft für sich und schon die Vorbereitung des Bodens alles andere als einfach. So muss dem Reis **eine perfekt ebene Anbaufläche** geboten werden, damit das Wasser auf dem gesamten Feld gleich hoch steht und – wenn es abgelassen wird – nirgends zurückbleibt. Ist das Feld vorbereitet, wird es (in Italien Ende April, Anfang Mai) etwa fünf Zentimeter hoch geflutet und der Reis ausgesät. So können die Körner bei optimaler Feuchtigkeit keimen, ohne größeren Temperaturschwankungen ausgesetzt zu sein.

Die Reispflanzen schießen in die Höhe, bilden Rispen aus, die blühen und danach Körner bilden. Sind diese reif, hat auch das Wasserbad ein Ende, damit die Pflanzen austrocknen können. In Italien wird **Reis von Mitte September bis Anfang November geerntet.** Was früher von Hand erfolgte, übernimmt heute der Mähdrescher, der auch die Rispen von der Pflanze trennt. Diese werden danach getrocknet, und in einem weiteren Arbeitsschritt muss das Reiskorn von seiner Strohhülse, der Spelze, getrennt werden. **Der braune Reis wird anschließend poliert,** die Kleie wird entfernt und erst jetzt kann der Reis als weißer Reis in den Handel kommen.

Ist Reis gesund?

- Reis ist **kalorienarm** und zudem enthalten 100 Gramm Reis gerade einmal 2,2 Gramm **Fett.** Das bedeutet, dass Reis zwar lang anhaltend sättigt, sich aber weniger auf die Hüften schlägt als andere Sättigungsbeilagen.
- Die im Reis enthaltenen **Proteine** gelten als besonders hochwertig und werden heute auch in Pulverform verkauft – als Nahrungsergänzungsmittel für Sportler.
- Reis versorgt den Körper mit wertvollen Mineral- und Ballaststoffen sowie mit allen acht essenziellen **Aminosäuren,** die der Körper zwar braucht, aber nicht selbst herstellen kann.
- Vor allem für Menschen, die **kein Gluten vertragen** (Zöliakie), ist Reis eine optimale Alternative zu anderen, glutenhaltigen Getreidesorten.
- Reis ist **reich an Vitamin B,** das vor allem für den Stoffwechsel und die Blutbildung von zentraler Bedeutung ist.
- Weil Reis nicht schwer auf dem Magen liegt, also **leicht verdaulich** ist, ist er wichtiger Bestandteil von Schonkost und speziellen Diäten.
- **Vollkornreis** (nur zum Teil geschälter Reis) enthält noch einmal mehr Vitamine, Ballast- und Mineralstoffe.

Reisrispen

BEVOR ES LOSGEHT …

Mit dem richtigen Rezept ist es nicht schwierig, einen guten Risotto auf den Tisch zu zaubern. Wir können allerdings garantieren, dass er noch besser ausfällt, wenn man sich vor dem Loslegen in der Küche mit **ein paar grundlegenden Dingen über Reis und Risotto** auseinandersetzt. In jedem Fall erleichtert ein Grundwissen die gesamte Arbeit: vom Einkauf bis zur richtigen Technik in der Küche.

Reis ist nicht gleich Reis

Schon vor Jahrhunderten hat der Reis als Kulturpflanze seine Reise um die Welt angetreten und je nach Klima, Anbaugebiet und Vorlieben haben die Menschen das Getreide derart weiterentwickelt, dass **eine Vielzahl von Sorten** entstanden ist, die allesamt ganz eigene Charakteristika aufweisen. In der Küche bedeutet dies: Nicht jeder Reis eignet sich gleichermaßen für jedes Reisgericht.
Ein kurzer Blick auf die Reisgruppen und -sorten lohnt sich also, weil das Besorgen der richtigen Reissorte **der erste Schritt hin zu einem perfekten Risotto** ist. Grundsätzlich unterscheidet man beim Reis zwei große Gruppen.

Langkornreis mit und ohne Schale

Rundkornreis mit und ohne Schale

- **Langkornreis** – Basmati (Duftreis) etwa – ist das, was wir als „Reis, der niemals klebt" aus der Werbung kennen. Die Körner rieseln auch nach dem Kochen einzeln vom Kochlöffel, weil sie während des Kochens kaum Stärke abgeben. Da dieser Reis locker bleibt, ist er für Risotto völlig ungeeignet.
- **Rundkornreis** ist das, was wir für Risotto brauchen. Er gibt beim Kochen mehr als ein Zehntel der enthaltenen Stärke an das Wasser ab und sorgt damit dafür, dass aus einem ursprünglich körnigen Reis einer wird, bei dem die einzelnen Körner aneinanderkleben. Und genau das ist es, was einen guten Risotto letztendlich ausmacht: eine cremige, sämige Konsistenz.

Zu wissen, dass wir für einen echten Risotto einen Rundkornreis brauchen, ist allerdings noch nicht genug. Vielmehr gibt es auch innerhalb dieser Hauptgruppe **eine ganze Reihe von Sorten.** Halten Sie demnach – wenn Sie einen Risotto zubereiten wollen – beim Einkauf nach folgenden Sorten Ausschau:

- **Arborio** ist eine italienische Reissorte, die sich durch ein **langes, halbrundes Korn** auszeichnet und in der unmittelbaren Nachkriegszeit auf den Markt gebracht worden ist. Ihren **Namen** hat die **Reissorte** von jenem **Dorf** in der piemontesischen Provinz Vercelli, aus der sie ursprünglich stammt. Für Risotto ist Arborio deshalb ideal, weil sein hoher Stärkegehalt dafür sorgt, dass das Gericht cremig wird. Das wird noch dadurch unterstützt, dass Arborio-Körner weniger bissfest bleiben, dafür aber Geschmack besonders gut annehmen können.
- **Carnaroli** ist die in Italien beliebteste Reissorte für Risotti. Anders als Arborio-Körner verkocht Carnaroli kaum, er bleibt beim Kochen **bissfest,** hat aber dennoch genug Stärke, um dem Risotto die gewünschte cremige Konsistenz zu verleihen. Auch Carnaroli ist mittlerweile rund 80 Jahre alt

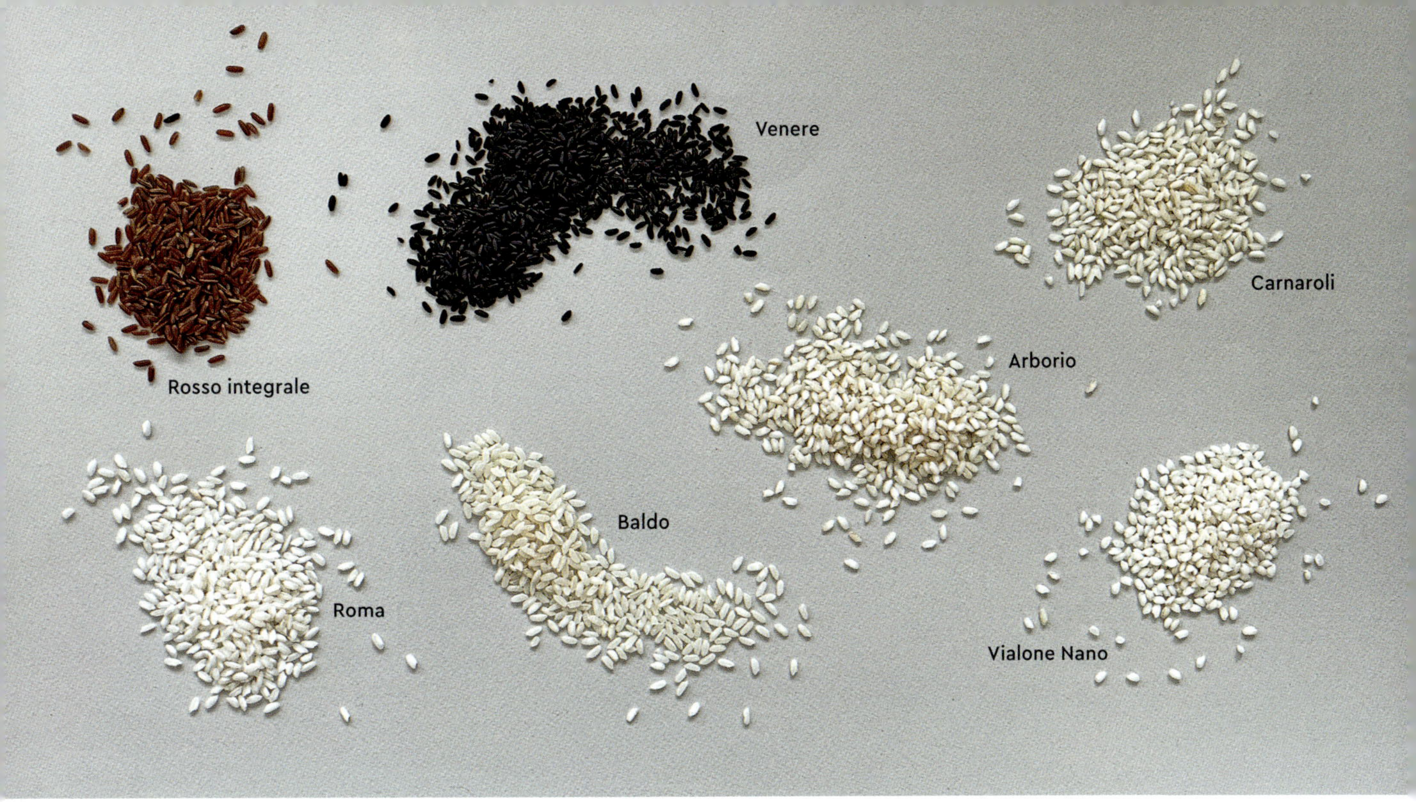

Reis gehört zu den wichtigsten Grundnahrungsmitteln, entsprechend groß ist die Vielfalt an Reissorten. Für Risotto kommen vor allem sechs italienische Rundkornreis-Sorten in Frage, allen voran Arborio, Carnaroli und Vialone Nano.

und kurioserweise trägt die in der Provinz Mailand erstmals gezüchtete Sorte nicht den Namen ihres Züchters oder Herkunftsorts, sondern vielmehr jenen eines einfachen Wasserarbeiters.

- **Vialone Nano** trägt den „nano", den Zwerg also, nicht umsonst im Namen. Seine Körner sind kleiner als jene von Arborio oder Carnaroli und müssen daher auch kürzer gekocht werden, was die Sorte ideal für **Gemüserisotti** macht. Trotz des **kleinen Korns** sichert ein hoher Stärkegehalt auch hier eine cremige Konsistenz. Gezüchtet wurde der Vialone Nano erstmals 1937 in Vercelli (Piemont), er wird heute vor allem in Venetien und um Mantua angebaut.
- **Baldo** kann nicht ganz auf die Tradition seiner bekannteren Verwandten Carnaroli, Arborio und Vialone Nano zurückblicken, gehört aber trotzdem zu den besten Risotto-Reissorten Italiens. Vor allem im Piemont schätzt man seine **großen, bissfesten, stärkereichen Körner,** weil sie sehr gut imstande sind, Saucen aufzunehmen. Aus diesem Grund kommt Riso Baldo vor allem bei **saucenreichen Risotti** zum Einsatz.
- **Roma** gehört wie Riso Baldo zu den weniger bekannten Risotto-Reissorten und wird auch gern mit diesem verwechselt, weil beide Sorten **lange, dicke, rundliche Körner** aufweisen, die viel Stärke abgeben und zudem Saucen sehr gut aufnehmen Allerdings ist Roma an seiner **perlweißen** Farbe erkennbar. Er zeichnet sich durch vergleichsweise **kurze Garzeiten** aus, was allerdings auch mit sich bringt, dass er leicht verkocht.
- **Venere** fällt schließlich aus der Reihe, weil er – anders als die klassischen Risotto-Reissorten – ein **schwarzes Korn** hat. Mitte der 1990er-Jahre gezüchtet, ist Venere ein Vollkornreis, der einen breiten Einsatzbereich in der Küche abdeckt und auch für Risotti (etwa mit Zucchini und Garnelen) ideal ist. Venere hebt sich nicht nur durch die Farbe, sondern auch durch einen leicht **nussigen Eigengeschmack** von den anderen Risotto-Reissorten ab.

Wie viel ist genug?

Haben wir den ersten Schritt – den Einkauf der richtigen Reissorte für unseren Risotto – gesetzt, folgt der zweite. Ein schwieriger wohlgemerkt. Schließlich stellen wir immer wieder fest, dass es gerade Unerfahrenen in der Küche Probleme bereitet, **bei Reisgerichten die richtige Menge an getrocknetem Reis abzuschätzen.**

Schuld daran ist einerseits der Reis, andererseits unser Bauchgefühl. Die „Schuld" des Reises liegt darin, dass er beim Kochen sehr viel Flüssigkeit aufnimmt, sein Gewicht und Volumen also um ein Vielfaches vergrößert. Das heißt im Klartext: **Ein Reiskorn wird im Kochtopf größer und schwerer,** als es ist, wenn es aus der Packung kommt. Pi mal Daumen gilt, dass sich das Volumen von Reis beim Kochen verfünffacht, sein Gewicht immerhin noch **verdreifacht.** Aus 50 Gramm getrocknetem Reis werden so 150 Gramm gekochter Reis.

Hier kommt uns auch unser Bauchgefühl in die Quere, das uns nach dem Abwiegen der im Rezept angegebenen Menge Reis zuflüstert: Das bisschen Reis reicht nie! Seien Sie aber beruhigt: Die im Rezept angeführten Mengen stimmen.

Vor- oder Hauptspeise?

Als Daumenregel für die richtige Reismenge kann gelten: **50 Gramm** getrockneter Reis pro Person, sollte man den Risotto als **Vorspeise** servieren, und bis zu **100 Gramm,** wenn er als **Hauptgericht** auf den Tisch kommt.

Also verlassen Sie sich ruhig auf uns. Und falls nicht, halten Sie sich vor Augen: Was an trockenem Reis in der Schüssel liegt, quillt auf das Dreifache auf.

Und wenn's doch zu viel war?

Bleibt Risotto übrig, gibt es ein paar ebenso einfache wie köstliche Arten, ihn **in ein anderes Gericht zu verwandeln** und so für Abwechslung auf dem Teller zu sorgen:

- **Risotto in padella:** Um aus dem übrigen Risotto einen knusprigen Reiskuchen zu machen, brauchen Sie nur eine beschichtete Pfanne und ein wenig Olivenöl – mehr nicht. Die Pfanne mit dem Öl bestreichen, auf großer Flamme erhitzen, den Risotto etwa zwei Zentimeter hoch in die Pfanne drücken und auf beiden Seiten fünf bis sechs Minuten backen. Zum Wenden am besten den Deckel der Pfanne verwenden.

- **Frittata di risotto:** Wer den Reiskuchen noch zusätzlich aufpeppen (oder das Wenden erleichtern) möchte, mischt etwas Ei und Parmesankäse unter den Risotto. Verarbeitet wird die Ei-Reis-Masse dann gleich wie der Risotto in padella.
- **Arancini di riso:** Aus übrig gebliebenem Risotto kann man köstliche Reisbällchen zaubern. Dafür nimmt man eine Handvoll Reis, breitet sie auf der Handfläche aus, füllt sie mit gebratenen Speck- und/oder Käsewürfeln (etwa Mozzarella), verschließt sie, zieht sie durch ein verquirltes Ei und Semmelbrösel und frittiert sie für etwa fünf Minuten in 170 Grad heißem Öl.

Der richtige Aufguss

Ein echter italienischer Risotto ist ein sämig-flüssiges Gericht, der trockene Reis braucht demnach eine ganze Menge Flüssigkeit, um diesen Zustand zu erreichen. Gerade dieser Flüssigkeit kommt damit eine zentrale Bedeutung zu, wenn man einen perfekten Risotto zaubern möchte. Oder einfacher: **Gießt man den Reis richtig an,** kann eigentlich nur mehr wenig schiefgehen.

Die Frage ist nun natürlich: Was heißt hier „richtig"? Im Normalfall wird der Reis für einen Risotto nicht mit Wasser aufgegossen, sondern **mit einer Brühe.** So können die Reiskörner das Aroma der Brühe aufsaugen und bekommen einen markanten Geschmack. Das bringt allerdings die Notwendigkeit mit sich, die richtige Brühe zum jeweiligen Risotto zu verwenden.

Heiß!
Geben Sie Brühe zum Reis, muss diese **immer kochend heiß** sein, weil sonst das Garen des Reises unterbrochen wird. Zudem sollte man die **Brühe nach und nach zugeben,** was bedeutet: Der Reis sollte gerade eben von der Flüssigkeit bedeckt werden. Mehr nicht.

Um es Ihnen leicht zu machen, führen wir in den Rezepten jeweils an, welche Brühe wir für die ideale halten. Trotzdem hier schon einmal ein paar grundlegende Hinweise:

- **Gemüsebrühe:** Eine Gemüsebrühe ist die Allzweckwaffe, wenn es um das Aufgießen von Reis für Risotti geht. Sie kann immer eingesetzt werden, allerdings kommt sie besonders zur Geltung, wenn Risotti auf der Grundlage von **Gemüse oder von Kräutern** zubereitet werden. Die Brühe unterstreicht und verstärkt in diesen Fällen das Aroma. Einen Sonderfall bildet der Spargelrisotto, der am besten gelingt, wenn der Reis mit dem Wasser aufgegossen wird, in dem die Spargeln gekocht wurden.
- **Fleischbrühe:** Werden im Risotto **Fleisch, Geflügel oder Wild** verwendet, kann zwar auch eine Gemüsebrühe zum Aufgießen verwendet wer-

Rindsbrühe eignet sich auch als Aufgussmittel für Risotto.

den, besser schmeckt allerdings eine Fleisch- oder Geflügelbrühe. Wichtig ist, dass diese nicht zu kräftig ist, weil sie ansonsten mit ihren intensiven Aromen jene der Hauptzutaten überlagert.
- **Muschelbrühe:** wenn man einen Risotto mit **Meeresfrüchten** zubereitet. Ideal ist in diesem Fall, den Muschelfond, der beim Öffnen der Muschel anfällt, zu verwenden, allerdings kann man ihn mit einer Gemüsebrühe ergänzen.

Egal welche Brühe man verwendet: Sie muss nicht frisch sein. Vielmehr kann man Brühen auch gut auf Vorrat zubereiten und portionsweise einfrieren, damit sie immer griffbereit sind.
Und grundsätzlich gilt: Auf Brühen, die mit Hilfe eines **Brühwürfels** zubereitet werden, sollte man eher verzichten, weil diese meist einen sehr hohen Salzgehalt aufweisen. Und das ist weder gesund, noch schmeckt es besonders, wenn der Salzgeschmack alles andere überlagert.

Flüssig bleiben
Damit ein Risotto optimal gelingt, muss er die richtige Konsistenz haben. Und das heißt, dass man ihm die richtige Flüssigkeitsmenge zugeführt hat. War es zu viel, schwimmt der Reis oder ist verkocht, war es zu wenig, schmeckt der Risotto trocken und hart. **Das ideale Verhältnis von Reis zu Brühe ist deshalb 1:3,5.** Das heißt etwa, auf 100 Gramm Reis kommen 350 Gramm Brühe.

Bier und Risotto
Dass der Reis bei der Risotto-Zubereitung mit Weißwein „abgelöscht" werden kann, dürfte bekannt sein. Will man dem Risottogericht eine leicht bittere Note verleihen – etwa bei einem Risotto mit Hopfenschaum und Kapern –, passt allerdings auch Bier sehr gut.
Natürlich mundet Bier auch als Begleiter zum Trinken – vor allem zu cremigen Risotti.

AUF DIE PLÄTZE, FERTIG, FEUER ...!

Reissorte: okay. Brühe: okay. Alle Zutaten griffbereit: okay. Was nach der Vorbereitung kommt, ist das eigentliche Kochen, also das, was in der Küche am meisten Spaß macht. Das gilt für Risotto genauso wie für jedes andere Gericht. Was Risotto allerdings von den meisten anderen Gerichten abhebt, ist die Vielfalt, sind **die unzähligen Variationen,** ist die enorme Auswahl, die er bietet.

Ordnung in die Vielfalt bringen

Diese Vielfalt ist auf die Geschichte des Risottos in Italien zurückzuführen, dessen Ursprünge im 15. Jahrhundert liegen und der sich seit damals zu einem der italienischen Nationalgerichte entwickelt hat. Wobei diese Aussage mit Vorsicht zu genießen ist, kennt doch **jede Region Italiens ihren ganz eigenen Risotto,** ihre Risotto-Spezialität, in die eingearbeitet wird, was die Natur in der Umgebung hergibt. Egal, ob diese Natur nun Meer, Berg oder Wald ist. Letztendlich kann man, will man Ordnung in die Risotto-Vielfalt Italiens bringen, Kategorien bilden:

- **Risotto mit Gemüse:** Es gibt kaum ein Gemüse, das nicht in einem Risotto verarbeitet werden kann. Und kaum eine Risotto-Variation bietet so viele Möglichkeiten und so viel Freiraum, auf die regionale und saisonale Verfügbarkeit einzugehen. So können im Sommer Tomaten, Zucchini, Melanzane oder Artischocken verwendet werden, im Herbst und Winter dagegen Kohl und Kartoffeln, Kürbis und Spinat. Und schon im Frühling kann das Gemüserisotto-Jahr mit Spargeln losgehen.
- **Risotto mit Kräutern:** Eng an die Gemüsekategorie angelehnt ist die Kategorie „Kräuterrisotti", weil auch hier verwendet wird, was frisch verfüg-

bar ist. Als Grundzutaten fungieren dabei – wie (fast) immer – Reis, Brühe, Butter und Parmesan, für das Aroma (und die Abwechslung) sorgen dagegen **Garten- und Wildkräuter** wie Basilikum und Bärlauch, Kerbel und Rosmarin, Estragon und Rucola.

- **Risotto mit Käse:** Die wohl einfachsten Risotto-Variationen sind jene mit Käse, genügt es doch, dem Reis geriebenen Käse beizugeben. Der Klassiker schlechthin ist Risotto mit Parmesankäse, während es bei Risotto mit Gorgonzola (dazu passt z. B. auch Radicchio) oder Risotto mit Fontina schon wesentlich deftiger zugeht. Wichtig ist, dass der Käse, den Sie für Ihren Risotto wählen, kein milder, sondern ein würziger ist, damit das Gericht auch wirklich intensiv schmeckt.

Mare e monti: Die Risotto-Vielfalt spannt auch geografisch einen weiten Bogen – vom deftigen Gorgonzolarisotto mit Walnüssen links bis zu jenem mit Meeresfrüchten.

- **Risotto mit Pilzen oder Trüffeln:** Ein Klassiker des Südtiroler Sommers ist der *Schwammlrisotto*, ein Risotto mit Pilzen aus den heimischen Wäldern. Verwendung finden dabei meist Pfifferlinge oder Steinpilze. Wer lieber einkaufen geht als auf Schwammlsuche, dem stehen auch Varianten mit Morcheln oder Champignons offen. Und eine italienische Delikatesse, vor allem im Herbst, ist der Risotto mit **frisch gehobelten Trüffeln.**
- **Risotto mit Fisch und Meeresfrüchten:** An der gesamten italienischen Küste findet der Fang des Tages Eingang in den Risotto. Aber auch Meeresfrüchte – allen voran Krustentiere wie Garnelen oder Scampi, aber alle Muscheln – können bestens mit Reis kombiniert werden. Wichtig ist allerdings, dass nur **frischer Fisch** im Risotto landet. Das ist nicht nur eine Frage des Geschmacks, sondern auch eine der Gesundheit. Und ebenso wichtig ist: Die Meeresfrüchte kommen erst im letzten Moment in den Risotto, da sie ansonsten verkochen und zäh werden.

- **Risotto mit Fleisch:** Klassische fleischhaltige Risotti werden mit Fleischteilen zubereitet, die gemeinsam mit dem Reis gekocht und nicht erst nachträglich beigefügt werden. So nimmt der Reis bereits während des Kochens den Geschmack des Geschnetzelten oder auch von Salsiccia oder Luganega auf. Filets, Koteletts, Brüstchen oder Leber müssen dagegen zuerst kurz gebraten werden, bevor sie im (fast) fertigen Reis landen.
- **Süßer Risotto:** Mit den süßen Risotti wurde in den letzten Jahren ein ganz neues Kapitel der kulinarischen Varianten aufgeschlagen, wobei der traditionsreichste dieser „Risotti", der Milchreis, eigentlich kein Risotto im engeren Sinne ist, weil der Reis in Milch und nicht in Brühe gekocht wird. Sehr wohl als Risotto führen kann man dagegen süße Variationen wie solche mit Äpfeln, Feigen oder auch Holunderblüten.

Zwei Schritte zur Vorbereitung

Die Zubereitung der allermeisten Risotti beginnt mit den immer gleichen Schritten: Zuerst müssen die in kleine Würfel geschnittenen Zwiebeln oder Schalotten angedünstet werden, danach kommt der Reis dazu, damit dieser glasig angeschwitzt werden kann. Was die Zwiebeln betrifft, so ist es wichtig, dass diese in Öl oder Butter gedünstet werden, allerdings nicht bei zu großer Hitze, weil sie sonst braun werden und eine leicht bittere Note annehmen. Also: **Dünsten Sie die Zwiebeln bei mittlerer Hitze und rühren sie dabei stetig**, um ein Anbrennen zu verhindern!

Zu den gedünsteten Zwiebeln kommt in einem zweiten Schritt der Reis, um auch diesen **glasig zu dünsten.** Damit verfolgt man drei Ziele, die mit der Stärke im Reis zusammenhängen. Das Anschwitzen verändert die Zusammensetzung der verschiedenen Stärken auf der Oberfläche des Reiskorns so, **dass beim Kochen ein cremiger Reisstärkebrei entsteht**. Würde man die Reiskörner nicht glasig dünsten, wäre der Stärkebrei dagegen zäh und leimartig. Der zweite Grund, warum man Reis in Fett (meist Olivenöl) glasig anschwitzt, ist, dass einige der **Stärken auf und im Reiskorn karamellisieren** und so einen ganz eigenen Geschmack entfalten. Mit Geschmack hat auch der dritte Grund des Anschwitzens zu tun: Das Öl, in dem man die Reiskörner wendet, ist **ein guter Geschmacksträger**, wodurch der Risotto am Ende noch intensiver schmeckt.

Richtig anschwitzen

- Der Reis wird **in nicht allzu heißes Öl** geschüttet, alle Körner sollten gleichmäßig erhitzt werden.
- Deshalb muss der Reis **ständig gerührt** werden, er darf nicht am Topfboden liegen bleiben.
- Verhindern Sie in jedem Fall (auch dies durch ständiges Rühren), dass **der Reis braun wird**, weil der Risotto dadurch verbrannt schmeckt.
- Sobald der Reis glasig ist, **die Körner also von einer leicht durchschimmernden Schicht umhüllt** sind, wird er mit der Brühe aufgegossen.

Rühren, rühren und nochmals rühren

Risotto ist Handarbeit. Dafür sorgt vor allem die Notwendigkeit, dass er von der ersten bis zur letzten Minute ständig gerührt werden muss. Wie wir bereits beim Anschwitzen gesehen haben, **verhindern wir damit ein Anbrennen**.

Das ist allerdings nicht der einzige Grund, warum Risotto ständig gerührt werden muss. Vielmehr sorgen wir durch das Rühren auch dafür, dass **alle Reiskörner ständig in Flüssigkeitskontakt** bleiben und damit alle Körner nicht nur gleich viel Flüssigkeit aufnehmen, sondern auch im selben Maße gegart werden. Rühren wir also nicht (oder nicht genug), beißt man gegebenenfalls einmal auf ein verkochtes, einmal auf ein hartes Reiskorn.

Der dritte Grund des Rührens hat wieder einmal mit der Reisstärke zu tun. Bleiben die Reiskörner in Bewegung, **setzen sie mehr Stärke frei**, die sich im Gericht verteilt und so – wie wir bereits mehrfach beschrieben haben – für die cremig-samtige Konsistenz des Risottos sorgt.

Das Rühren hat übrigens auch zur Folge, dass beim Risotto-Kochen **kein Deckel auf den Topf** gesetzt wird. Dadurch kann die überschüssige Flüssigkeit auch verdampfen und tropft nicht vom Topfdeckel wieder in den Risotto.

UND WAS KOMMT ZUM SCHLUSS?

Gerührt wird der Risotto bis zum Schluss. Nur: Wann ist Schluss? Der häufigste Fehler, der beim Risotto-Kochen gemacht wird, ist, **den Reis zu verkochen**, weil man ihn zu lange auf dem Feuer lässt. Deshalb sollte man auf die Angaben zur Garzeit auf der Packung achten, die bei italienischem Reis meist darauf ausgelegt sind, dass der Reis *al dente*, also bissfest bleibt.

Die richtige Konsistenz hat der Reis, sobald er zwar etwas Biss hat, aber nicht mehr nach rohem Reis schmeckt. Dann sollte man ihn von der Flamme nehmen, weil **der Risotto noch eine ganze Weile nachkocht**, die Reiskörner also noch weicher werden.

Die richtige Würze

Wie jedem Gericht verleiht man auch dem Risotto durch Gewürze und Kräuter den letzten Schliff. Und wirklich nur den. Schließlich **sollen die Würzmittel Geschmack und Aromen des Gerichts nur unterstreichen** und nicht etwa überlagern.

Beim Würzen von Gerichten, die wie Risotto über eine längere Zeit kochen, sind ein paar wichtige Regeln einzuhalten.

- **Frische Würzmittel,** allen voran frische Kräuter – etwa Basilikum, Petersilie oder Schnittlauch – werden dem Risotto erst **kurz vor Ende der Garzeit beigefügt.** Werden Kräuter dagegen mitgekocht, verlieren sie nicht nur ihre Konsistenz, sondern auch ihren besonderen Geschmack und die fruchtig-frischen Aromen, für die sie im Risotto sorgen sollen
- Zielt man auf **die ätherischen Öle in Würzmitteln** ab – in Zitronenschale etwa, aber auch in Pfeffer oder Knoblauch –, sollte man **diese Gewürze überhaupt nicht mitkochen**. Sie werden dem Risotto beigegeben, sobald dieser schon von der Flamme genommen wurde.
- **Abgeschmeckt** – mit kalter Butter, aber auch hochwertigem Olivenöl und Parmesankäse, danach mit Salz – wird der Risotto erst, **sobald alle anderen Würzmittel bereits beigefügt wurden**. Erst dann schmeckt man schließlich, wie viel Würze das Gericht noch vertragen kann. Seien Sie zudem vorsichtig beim Abschmecken, verwenden Sie kleine Mengen. Lieber ein paarmal mehr nach- als in einem Schwung zu versalzen.

Der letzte Touch: Parmesankäse verleiht dem Risotto nicht nur zusätzliche Würze, er trägt auch zur cremigen Konsistenz bei.

Das letzte Geheimnis: die „Mantecatura"

Der letzte Touch, den man einem echt italienischen Risotto gibt, ist die „Mantecatura". Der Begriff leitet sich vom spanischen Wort *manteca* ab, was so viel heißt wie Butter. Und Butter spielt bei der „Mantecatura" auch die Hauptrolle. Ist die Flüssigkeit im Risotto nämlich eingekocht und haben die Reiskörner die richtige Konsistenz (fast fertig gekocht, aber noch *al dente*, also bissfest), **wird der Topf von der Hitze genommen und Butter eingerührt**, um den Risotto noch cremiger zu machen, alle Zutaten aneinanderzubinden und deren Aromen zusätzlich zu unterstreichen. Zugleich wird bei nicht auf Fisch oder Meeresfrüchten basierten Risotti auch geriebener Parmesankäse beigefügt, der für die nötige Würze sorgt.

Zwei Tipps haben wir noch, wenn es um die „Mantecatura" geht:

1. Sollten Sie sich vegan ernähren, Butter also nicht in Frage kommen, können sie auch kaltes **Olivenöl oder gar eine Avocado** in den Risotto einrühren. Der Effekt ist derselbe.
2. Was auch immer Sie für die „Mantecatura" verwenden: Das beste Ergebnis erzielen Sie, wenn das Fett (im Normalfall also Butter oder Olivenöl) **tiefgefroren** in den Reis kommt. Der Temperaturschock sorgt für ein noch cremigeres Ergebnis.

Noch ein wichtiger Hinweis zum Schluss: Risotto sollte nicht vorgekocht, sondern *à la minute* zubereitet werden, also **direkt vom Herd auf den Tisch kommen**. Dies ist auch deshalb notwendig, weil der Reis noch nachquillt und daher – je länger er steht – immer stärker seinen *al-dente*-Charakter verliert. Schließlich heißt es nicht umsonst: Risotto wartet nicht. Er lässt auf sich warten.

GUTES GELINGEN!

Brühen, Saucen &
Schritt für Schritt

GEMÜSEBRÜHE

Für 1 Liter Brühe | 1 Stunde | leicht | vegetarisch

1 kg **Gemüse** (Lauch, Stangensellerie, Knollensellerie, Fenchel, Wirsing, Weißkraut und weiteres Gemüse der Saison)
50 g **Zwiebeln**
1 EL **Butter**
3 l **Wasser**
1 **Tomate**
1 **kleines Lorbeerblatt**
1 **Knoblauchzehe**
Salz

1. Das Gemüse putzen, waschen und klein schneiden.
2. Zwiebeln schälen, in Würfel schneiden und in Butter anschwitzen.
3. Das restliche Gemüse dazugeben und mitdünsten.
4. Mit kaltem Wasser auffüllen. Tomate, Lorbeer, Knoblauch und Salz dazugeben und etwa **30 Minuten** sieden lassen.
5. Die Gemüsebrühe abseihen und weiterverwenden.

Tipps **Diese Brühe eignet sich für Risotti, Suppen, Saucen und klare Gemüsesuppen bzw. zum Aufgießen von gedünstetem Gemüse.**

Sie können für die Brühe auch Gemüsereste verwenden.

Gemüsebrühe

Geflügelbrühe

GEFLÜGELBRÜHE

Für 1 Liter Brühe | 2 Stunden | leicht

1 kg **Geflügelknochen** (Hals, Flügel und Abschnitte)
3 l **Wasser**
60 g **Karotten**
40 g **Stangensellerie** oder Knollensellerie
50 g **Lauch**
80 g **Zwiebeln**
1 **Knoblauchzehe**
1 **kleiner Thymianzweig**
1 **kleines Lorbeerblatt**
2 **Petersilienstängel**
4 **weiße Pfefferkörner,** zerdrückt

1. Geflügelknochen und Abschnitte in einem Topf mit kaltem Wasser zum Kochen bringen und bei schwacher Hitze etwa **30 Minuten** köcheln lassen. Dabei immer wieder den Schaum und das Fett abschöpfen.
2. Karotten schälen und in grobe Stücke schneiden.
3. Stangensellerie und Lauch putzen, waschen und ebenfalls grob zerkleinern.
4. Zwiebeln schälen und halbieren.
5. Das Gemüse zusammen mit Knoblauch, Thymian, Lorbeer, Petersilienstängel und Pfefferkörnern zu den Geflügelknochen geben und etwa **1 Stunde** kochen lassen.
6. Die Geflügelbrühe durch ein feines Sieb seihen und weiterverwenden.

Tipps **Diese Geflügelbrühe eignet sich für Risotti, helle Geflügelgerichte, Hühnerfrikassee sowie klare und gebundene Suppen.**

Sie können die Hälfte der Geflügelknochen durch Kalbsknochen ersetzen oder auch ein ganzes Huhn mitkochen.

HELLE TOMATENBRÜHE

Für 1 Liter Brühe | 40 Minuten | leicht | vegetarisch

1 kg **Fleischtomaten** oder Kirschtomaten
1 **Knoblauchzehe,** fein gehackt
1 EL **Zucker**
Salz
20 g **Basilikumblätter**
1 EL **Petersilie**
300 ml **Wasser**

1. Die Tomaten waschen und in grobe Stücke schneiden.
2. Mit Knoblauch, Zucker, Salz, Basilikum, Petersilie und Wasser im Mixer oder mit dem Pürierstab zerkleinern.
3. Das Tomatenpüree in ein feines Passiertuch geben und über einem Topf langsam abtropfen lassen.
4. Den aufgefangenen Saft etwa **12 Minuten** einkochen.

Tipp **Diese Tomatenbrühe eignet sich für Risotti, Nudelgerichte sowie klare und gebundene Suppen.**

Helle Tomatenbrühe

Braune Kalbssauce

BRAUNE KALBSSAUCE

Für 500 ml Sauce | 2 Stunden | mittelschwer

80 ml **Öl**
1 kg **Kalbsknochen mit Fleischanteil** und **Kalbsabschnitte** (Parüren)
100 g **Karotten**
100 g **Stangensellerie** oder Knollensellerie
300 g **Zwiebeln**
1 **Tomate**
1 TL **Tomatenmark**
125 ml **Rotwein**
2 l **Geflügelbrühe** (siehe Seite 27) oder Gemüsebrühe (siehe Seite 26)
1 **Rosmarinzweig**
1 **Thymianzweig**
2 **Salbeiblätter**
2 **Petersilienstängel**
4 **Pfefferkörner,** zerdrückt
Salz
Pfeffer aus der Mühle
1 TL **Speisestärke**
1 EL **kalte Butter**

1. Öl in einer großen flachen Pfanne erhitzen.
2. Die Kalbsknochen grob zerkleinern und zusammen mit den Kalbsabschnitten dazugeben. Etwa **20 Minuten** braten.
3. Karotten und Stangensellerie putzen, waschen und in grobe Würfel schneiden. Die Zwiebeln schälen und ebenfalls grob zerkleinern.
4. Das Gemüse zu den Knochen geben und etwa **15 Minuten** mitrösten.
5. Eventuell überschüssiges Fett abgießen und etwas abkühlen lassen.
6. Die Tomate in Spalten schneiden und zusammen mit Tomatenmark dazugeben. Leicht rösten.
7. Nach und nach mit Rotwein ablöschen und den Bratensatz lösen. Mit Geflügelbrühe aufgießen und etwa **1 Stunde** kochen lassen. Gelegentlich abschäumen und entfetten.
8. Rosmarin, Thymian, Salbei, Petersilienstängel und Pfefferkörner zufügen und alles auf kleiner Flamme etwa **30 Minuten** köcheln lassen.
9. Durch ein feines Sieb seihen und mit Salz und Pfeffer abschmecken.
10. Die Sauce mit in Wasser angerührter Speisestärke binden und mit kalter Butter verfeinern.

Variation **Braune Geflügelsauce: Anstelle von Kalbsknochen und -abschnitten verwenden Sie Geflügelknochen und -abschnitte.**

GEMÜSERISOTTO

Rezept siehe Seite 60

Zutaten für den Risotto wie Zwiebeln, Knoblauch, Olivenöl, Gemüse nach Jahreszeit, Rundkornreis, Weißwein, Gemüsebrühe, Butter und Parmesan vorbereiten

1

Zwiebeln und Knoblauch fein schneiden und in Olivenöl dünsten; geputztes und klein geschnittenes Gemüse dazugeben

2

Mit Weißwein ablöschen und die Flüssigkeit völlig einkochen lassen

5

Nach und nach **mit heißer Gemüsebrühe aufgießen,** sodass der Reis immer mit Flüssigkeit bedeckt ist; Unter oftmaligem Rühren kochen lassen

6

Gemüse ebenfalls **dünsten,** damit es Geschmack annimmt (es darf aber nich braun werden)

3

Den **Reis** (Arborio, Carnaroli oder Vialone Nano) hinzufügen und ebenfalls **mitdünsten**

4

Den Risotto mit Salz und frisch gemahlenem weißen Pfeffer würzen und **kalte Butter** unterrühren (montieren)

7

Frisch geriebenen oder gehobelten **Parmesan** kräftig unterrühren und sofort servieren

8

LAUCH
vorbereiten und schneiden

Rezepte siehe Seiten 106 und 108

1 Den Lauch **längs halbieren** und den **Wurzelansatz** abschneiden

2 Unter fließend kaltem Wasser **gut abspülen**

3 Lauch in **Streifen** schneiden

4 Lauch in **feine Würfel** schneiden

BROCCOLI
vorbereiten und schneiden

Rezept siehe Seite 41

1 Broccoli putzen, **holziges Stielende** und **große Blätter** abschneiden und möglichst **gleich große Röschen** vom Stiel trennen

2a Den Stiel mit einem **Messer** …

2b … oder **Sparschäler** schälen

3 Den Stiel halbieren und bereitstellen

ERBSEN
vorbereiten und kochen

Rezept siehe Seite 46

1a Schoten **aufbrechen** ...

1b ... und die Erbsen **herauspulen**

2a In Salzwasser **blanchieren** und in Eiswasser **abschrecken**

2b

3 Kerne aus der Hülse drücken

TRÜFFEL
vorbereiten und hobeln

Rezepte siehe Seiten 108 und 110

Weißer Trüffel

Schwarzer Sommertrüffel

1

Den Trüffel mit einer **Gemüsebürste** von anhaftender Erde befreien

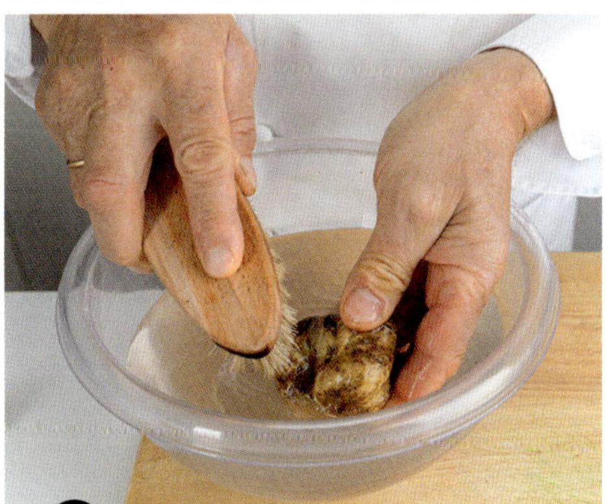

2

Den Trüffel in lauwarmem **Wasser** waschen

3

Mit einem **Trüffelhobel** in feine Scheiben hobeln

PFIFFERLINGE
vorbereiten und schneiden

Rezept siehe Seite 104

1 Die Stielenden mit einem **Messer** abschneiden

2 Die Pfifferlinge mit einem **Pinsel** oder Küchenkrepp reinigen

3 Die Pfifferlinge durch **Auseinanderziehen** halbieren …

4 … oder in **Scheiben** schneiden

STEINPILZE
vorbereiten und schneiden

Rezept siehe Seite 100

1 Steinpilze mit einem **Pinsel** putzen und Stielende mit einem **Messer** abschneiden

2 Den **Stiel** herausdrehen oder abschneiden

3 Den Hut in **Scheiben** schneiden ...

4 ... oder in **Spalten** schneiden

Steinpilzscheiben

Steinpilzspalten

40

42

44

52

54

56

64

66

68

76

78

80

Gemüse & Getreide

BROCCOLIRISOTTO mit Sardellen und Lardo

4 Personen | 30 Minuten | leicht

Broccolicreme

50 g **Schalotten**
2 **Knoblauchzehen,** fein gehackt
200 g **Broccolistiele,** geschält und in Stücke geschnitten
Olivenöl
2 EL **Kapern**
4 **Sardellen**
300 ml **Gemüsebrühe** (siehe Seite 26) oder Wasser
3 EL **Petersilie,** fein geschnitten
Salz
Pfeffer aus der Mühle
1 TL **Zitronensaft**

Risotto

280 g **Rundkornreis** (Arborio, Carnaroli oder Vialone Nano)
2 EL **Öl**
50 ml **Weißwein**
1 l **heiße Gemüsebrühe** (siehe Seite 26) oder heißes Wasser
Salz
Pfeffer aus der Mühle
40 g **kalte Butter**
30 g **Parmesan,** gerieben

Weiteres

8 dünne **Lardoscheiben**
4 **Sardellen**
100 g **Broccoliröschen,** gekocht
30 g **Kresse** zum Garnieren
schwarzer Pfeffer aus der Mühle

Broccolicreme

1. Schalotten, Knoblauch und Broccolistiele (siehe Schritt für Schritt Seite 33) in Olivenöl etwa **4 Minuten** andünsten.
2. Kapern, Sardellen und Gemüsebrühe dazugeben und etwa **10 Minuten** kochen lassen.
3. Alles in einen Mixer geben und mit Petersilie fein pürieren, mit Salz, Pfeffer und Zitronensaft abschmecken. Bereitstellen.

Risotto

4. Reis in etwas Öl bei milder Hitze und unter ständigem Rühren glasig werden lassen.
5. Mit Weißwein ablöschen und die Flüssigkeit vollständig einkochen lassen.
6. Nach und nach mit Gemüsebrühe aufgießen, sodass der Reis immer mit Flüssigkeit bedeckt ist.
7. Unter oftmaligem Rühren etwa **18 Minuten** kochen lassen, bis der Risotto bissfest, seine Konsistenz aber cremig ist.
8. Mit Salz und Pfeffer abschmecken und mit Broccolicreme, kalter Butter und Parmesan verfeinern.

Fertigstellung

9. Den Risotto mit Lardo, Sardellen und erwärmten Broccoliröschen auf Tellern anrichten. Mit Kresse garnieren und mit frisch gemahlenem Pfeffer bestreut servieren.

Tipp **Anstelle von Broccoli können Sie auch Spargel oder Blumenkohl verwenden.**

RADICCHIORISOTTO mit Pancetta

4 Personen · 30 Minuten · leicht

200 g **Radicchio Trevisano**
50 g **Zwiebeln**
1 **Knoblauchzehe**
2 EL **Öl**
2 EL **Pancetta** (Bauchspeck), in Streifen geschnitten
100 ml **Rotwein** (Lagrein oder Merlot)
1 EL **Rotweinessig**
280 g **Rundkornreis** (Arborio, Vialone Nano oder Carnaroli)
1 l **heiße Gemüsebrühe** (siehe Seite 26) oder heißes Wasser
Salz
Pfeffer aus der Mühle
2 EL **kalte Butter**
30 g **Parmesan,** gerieben
12 **hauchdünne Pancettascheiben,** zu Röllchen geformt
Rosmarinblüten und **Thymian** zum Garnieren

1. Radicchio putzen, waschen, etwa **5 Minuten** in lauwarmes Wasser legen und in Streifen schneiden.
2. Zwiebeln und Knoblauch schälen, fein schneiden und in Öl andünsten.
3. Pancetta zufügen und etwa **2 Minuten** anschwitzen. Den Radicchio dazugeben und ebenfalls etwa **2 Minuten** anschwitzen. Mit Rotwein und Rotweinessig aufgießen und etwa **8 Minuten** garen, bis der Wein fast vollständig eingekocht ist.
4. Den Reis zufügen und nach und nach mit Gemüsebrühe aufgießen. Mit Salz und Pfeffer würzen und unter ständigem Rühren etwa **18 Minuten** kochen lassen.
5. Mit kalter Butter und Parmesan verfeinern.
6. Den Risotto auf Tellern anrichten und mit Pancettaröllchen, Rosmarinblüten und Thymian garniert servieren.

Tipps **Sie können die Gemüsebrühe auch durch Geflügelbrühe (siehe Seite 27) ersetzen.**

Wer den Risotto etwas feiner liebt, kann zum Schluss ein wenig Portwein bzw. flüssige oder geschlagene Sahne hinzufügen.

SPARGELRISOTTO mit gehacktem Ei und Kresse

4 Personen | 40 Minuten | leicht | vegetarisch

400 g **weißer Spargel**
50 g **Zwiebeln**
40 g **Butter**
80 ml **Weißwein**
280 g **Rundkornreis** (Arborio, Carnaroli oder Vialone Nano)
1 l **heiße Gemüsebrühe** (siehe Seite 26) oder heißes Wasser
Salz
Pfeffer aus der Mühle
20 g **Parmesan,** gerieben
20 g **kalte Butter**
2 **Eier,** hart gekocht und grob gehackt
2 EL **Schnittlauch,** fein geschnitten
Gartenkresse zum Garnieren

1. Spargel waschen und mit einem Spargelschäler von der Spitze bis zur Schnittstelle schälen.
2. Spargelstangen in schräge, 1 cm lange Stücke schneiden.
3. Zwiebeln schälen, in kleine Würfel schneiden und in Butter andünsten. Spargelstücke dazugeben und mit Weißwein ablöschen.
4. Den Reis zufügen und unter ständigem Rühren erhitzen. Nach und nach mit Gemüsebrühe aufgießen und etwa **18 Minuten** kochen lassen.
5. Mit Salz, Pfeffer, Parmesan und kalter Butter verfeinern.
6. Den Risotto auf Tellern anrichten und mit gehacktem Ei, Schnittlauch und Gartenkresse garniert servieren.

Tipps **Es kann sowohl weißer als auch grüner Spargel verwendet werden.**

Dieser Risotto eignet sich als Beilage hervorragend zu gebratenem Fisch, z. B. Rotbarbe, Wolfsbarsch oder Zander.

RISOTTO
mit Erbsen und Pfefferminzblüten

4 Personen | 30 Minuten | leicht | vegetarisch

80 g **Schalotten**
2 EL **Öl**
300 g **Rundkornreis** (Arborio, Carnaroli oder Vialone Nano)
50 ml **Weißwein**
1 l **heiße Gemüsebrühe** (siehe Seite 26) oder heißes Wasser
Salz
Pfeffer aus der Mühle
120 g **Erbsenpüree** (gekochte Erbsen, fein püriert und passiert)
100 g **Erbsen,** gekocht (siehe Seite 34)
40 g **kalte Butter**
30 g **Parmesan,** gerieben
1 EL **Pfefferminze,** fein geschnitten
Pfefferminzblüten zum Garnieren

1. Schalotten schälen, fein schneiden und in Öl leicht andünsten.
2. Den Reis zufügen und bei milder Hitze und unter ständigem Rühren glasig werden lassen.
3. Mit Weißwein ablöschen und die Flüssigkeit vollständig einkochen lassen.
4. Nach und nach mit Gemüsebrühe aufgießen, sodass der Reis immer mit Flüssigkeit bedeckt ist.
5. Unter oftmaligem Rühren etwa **18 Minuten** kochen lassen, bis der Risotto bissfest, seine Konsistenz aber cremig ist.
6. Mit Salz und Pfeffer abschmecken, Erbsenpüree sowie Erbsen unterrühren und mit kalter Butter und Parmesan verfeinern.
7. Den Risotto auf Tellern anrichten und mit Pfefferminze und Pfefferminzblüten garniert servieren.

Tipps **Dieser Risotto ist eine hervorragende Beilage zu gebratenem Fisch, z. B. Forelle, Saibling, Karpfen oder Zander.**

Anstelle von Erbsen können Sie auch Broccoli verwenden.

RISOTTO
mit Peperonicreme und Schnittlauch

4 Personen | 30 Minuten | leicht | vegetarisch | scharf

Peperonicreme
2 **rote Peperoni** (Paprikaschoten)
2 EL **Olivenöl**
Salz
100 ml **Gemüsebrühe** (siehe Seite 26)

Risotto
80 g **Zwiebeln**
2 EL **Öl**
280 g **Rundkornreis** (Arborio, Carnaroli oder Vialone Nano)
50 ml **Weißwein**
1 l **heiße Gemüsebrühe** (siehe Seite 26) oder heißes Wasser
Salz
Pfeffer aus der Mühle
20 g **kalte Butter**
20 ml **Olivenöl**
30 g **Pecorino** (Schafsmilchkäse) oder Parmesan, gerieben
2 **mittelscharfe Chilischoten,** in Ringe geschnitten

Weiteres
2 EL **Schnittlauch,** fein geschnitten
Pecorinospäne zum Garnieren

Peperonicreme

1. Peperoni mit einem Bunsenbrenner abflämmen oder im Backofen bei **220 Grad** Oberhitze backen, bis die Schale ganz dunkel ist. Etwas abkühlen lassen und die verbrannte Schale abziehen.
2. Peperoni in Stücke schneiden, in etwas Olivenöl andünsten und salzen. Mit Gemüsebrühe etwa **15 Minuten** weich dünsten.
3. Die Peperoni im Mixer fein pürieren und bereitstellen.

Risotto

4. Zwiebeln schälen, fein schneiden und in Öl leicht andünsten.
5. Den Reis zufügen und bei milder Hitze und unter ständigem Rühren glasig werden lassen.
6. Mit Weißwein ablöschen und die Flüssigkeit vollständig einkochen lassen.
7. Nach und nach mit Gemüsebrühe aufgießen, sodass der Reis immer mit Flüssigkeit bedeckt ist.
8. Unter oftmaligem Rühren etwa **18 Minuten** kochen lassen, bis der Risotto bissfest, seine Konsistenz aber cremig ist.
9. Die Peperonicreme unterrühren, mit Salz und Pfeffer abschmecken und mit kalter Butter, Olivenöl und geriebenem Pecorino verfeinern.

Fertigstellung

10. Den Risotto auf Tellern anrichten und mit Chiliringen, Schnittlauch und Pecorino garniert servieren.

Tipp **Der Risotto ist eine hervorragende Beilage zu gebratenem Geflügel.**

KÜRBISRISOTTO
mit Amaretti und Kürbiskernen

4 Personen | 50 Minuten | leicht | vegetarisch

400 g **Kürbis**
Salz
Pfeffer aus der Mühle
1 EL **Amaretto-Likör**
1 TL **Thymian**
80 g **Zwiebeln**
2 EL **Öl**
280 g **Rundkornreis** (Arborio, Carnaroli oder Vialone Nano)
50 ml **Weißwein**
1 l **heiße Gemüsebrühe** (siehe Seite 26) oder heißes Wasser
Salz
Pfeffer aus der Mühle
40 g **kalte Butter**
1 EL **Kürbiskernöl**
30 g **Parmesan,** gerieben
50 g **Kürbis,** in hauchdünne Scheiben geschnitten
20 g **Amaretto-Kekse,** grob zerbröselt
1 EL **Kürbiskerne,** geröstet und gehackt

1. Kürbis schälen und in kleine Würfel schneiden. Mit Salz, Pfeffer, Amaretto-Likör und Thymian würzen, in Alufolie wickeln und gut verschließen.
2. Im Backofen bei **170 Grad** etwa **20 Minuten** garen. Herausnehmen und bereitstellen.
3. Zwiebeln schälen, fein schneiden und in Öl leicht andünsten.
4. Den Reis zufügen und bei milder Hitze und unter ständigem Rühren glasig werden lassen.
5. Mit Weißwein ablöschen und die Flüssigkeit vollständig einkochen lassen.
6. Nach und nach mit Gemüsebrühe aufgießen, sodass der Reis immer mit Flüssigkeit bedeckt ist.
7. Unter oftmaligem Rühren etwa **18 Minuten** kochen lassen, bis der Risotto bissfest, seine Konsistenz aber cremig ist.
8. Mit Salz und Pfeffer abschmecken und die gegarten Kürbiswürfel unterrühren. Mit kalter Butter, Kürbiskernöl und Parmesan verfeinern.
9. Den Risotto mit Kürbisscheiben, Amaretto-Keksbröseln und Kürbiskernen garniert servieren.

Tipps **Sie können den rohen Kürbis auch durch eingelegten süß-sauren Kürbis ersetzen.**

Statt Amaretto-Likör können sie auch Weißwein oder Vin Santo verwenden.

ARTISCHOCKENRISOTTO mit Basilikumpesto

4 Personen | 50 Minuten | leicht | vegetarisch

Basilikumpesto

2 EL **Petersilie**
1 EL **Basilikum**
1 EL **Pinoli** (Pinienkerne)
1 **Knoblauchzehe**
4 EL **Olivenöl**
Salz

Risotto

4 **Artischocken**
80 g **Zwiebeln**
3 **Knoblauchzehen**
2 EL **Öl**
50 ml **Weißwein**
1 l **heiße Gemüsebrühe** (siehe Seite 26) oder heißes Wasser
300 g **Rundkornreis** (Arborio, Carnaroli oder Vialone Nano)
Salz
Pfeffer aus der Mühle
50 ml **Sauerrahm**
20 g **kalte Butter**
30 g **Parmesan,** gerieben
4 EL **Basilikumpesto**

Weiteres

4 **rohe Artischockenscheiben** zum Garnieren
Basilikumpesto zum Garnieren
Basilikumblätter zum Garnieren

Basilikumpesto

1. Alle Zutaten im Mixer oder Mörser fein zerkleinern und den Pesto bereitstellen.

Risotto

2. Von den Artischocken den Stiel und die dunklen äußeren Blätter entfernen. Die Blattspitzen großzügig abschneiden und den Flaum mit einem Löffel aus dem Inneren der Artischocke kratzen.
3. Die Artischocken in mittelgroße Stücke schneiden und eventuell in Zitronenwasser legen, damit sie nicht braun werden.
4. Zwiebeln und Knoblauch schälen, fein schneiden und in Öl leicht andünsten.
5. Die Artischocken dazugeben, Weißwein und etwas Gemüsebrühe angießen und etwa **10 Minuten** dünsten. Bereitstellen.
6. Den Reis dazugeben und bei milder Hitze und unter ständigem Rühren glasig werden lassen.
7. Nach und nach mit Gemüsebrühe aufgießen, sodass der Reis immer mit Flüssigkeit bedeckt ist.
8. Unter oftmaligem Rühren etwa **18 Minuten** kochen lassen, bis der Risotto bissfest, seine Konsistenz aber cremig ist.
9. Mit Salz und Pfeffer abschmecken. Artischocken und Sauerrahm dazugeben und mit kalter Butter, Parmesan und Basilikumpesto verfeinern.

Fertigstellung

10. Den Risotto mit rohen Artischockenscheiben, etwas Pesto und Basilikumblättern garniert servieren.

Tipps **Der Risotto eignet sich hervorragend als Beilage zu gebratenem Fisch, z. B. Drachenkopf, Kabeljau oder Makrele.**

Anstelle von Artischocken können Sie auch Topinambur verwenden.

Der restliche Pesto hält sich im Kühlschrank etwa 1 Woche.

RISOTTO
mit Cime di Catalogna und Sardellen

4 Personen · 50 Minuten · leicht

400 g **Cime di Catalogna**
50 g **Zwiebeln**
40 g **Butter**
4 **Sardellenfilets in Öl,** fein gehackt
50 ml **Weißwein**
280 g **Rundkornreis** (Arborio, Vialone Nano oder Carnaroli)
1 l **heiße Gemüsebrühe** (siehe Seite 26) oder heißes Wasser
Salz
Pfeffer aus der Mühle
50 ml **eiskaltes Olivenöl**
1 EL **Parmesan,** gerieben
1 EL **Petersilie,** fein geschnitten
2 **Knoblauchzehen,** fein gehackt
100 g **Cime di Catalogna,** in Scheiben geschnitten
4 **Sardellenfilets in Öl** zum Garnieren
Parmesanspäne zum Garnieren

1. Cime di Catalogna waschen und schräg in 1 cm lange Scheiben schneiden.
2. Zwiebeln schälen, in kleine Würfel schneiden und in Butter andünsten. Sardellen und Cime di Catalogna dazugeben und ebenfalls andünsten. Mit Weißwein ablöschen.
3. Den Reis dazugeben und unter ständigem Rühren glasig werden lassen.
4. Nach und nach mit Gemüsebrühe aufgießen und etwa **18 Minuten** kochen lassen.
5. Mit Salz, Pfeffer, Olivenöl, Parmesan, Petersilie und Knoblauch verfeinern.
6. Den Risotto mit Cime-di-Catalogna-Scheiben, Sardellenfilets und Parmesanspänen garniert servieren.

Tipps **Anstelle von Cime di Catalogna können Sie Karde, Stängelkohl (Cime di Rapa), Mangold oder wilden Spargel verwenden.**

Durch das eiskalte Olivenöl bindet der Risotto besser und der Olivenölgeschmack kommt stärker zur Geltung.

Sie können diesen Risotto auch mit Lardo, Colatura di Alici oder Bottarga garnieren.

SPITZKOHLRISOTTO mit Bergkäse überbacken

4 Personen | 50 Minuten | leicht | vegetarisch

400 g **Spitzkohl**
150 g **Zwiebeln**
40 g **Butter**
Salz
50 ml **Weißwein**
60 g **Lauch,** in feine Würfel geschnitten
30 ml **Olivenöl**
280 g **Rundkornreis** (Arborio, Vialone Nano oder Carnaroli)
1 l **heiße Gemüsebrühe** (siehe Seite 26) oder heißes Wasser
Salz
Pfeffer aus der Mühle
50 ml **eiskaltes Olivenöl**
30 g **Parmesan,** gerieben
100 g **Bergkäse,** gerieben

1. Spitzkohl waschen und in schräge, 1 cm große Blättchen schneiden.
2. Zwiebeln schälen, in kleine Würfel schneiden und in Butter andünsten.
3. Spitzkohl dazugeben, salzen und mit Weißwein ablöschen. Etwa **20 Minuten** dünsten und bereitstellen.
4. Den Lauch in Olivenöl andünsten.
5. Den Reis dazugeben und unter ständigem Rühren erhitzen. Nach und nach mit Gemüsebrühe aufgießen und etwa **18 Minuten** kochen lassen.
6. Mit Salz, Pfeffer, Olivenöl und Parmesan verfeinern.
7. Den Risotto auf Tellern anrichten und mit etwas Spitzkohl belegen. Mit Bergkäse bestreuen und im Backofen bei **220 Grad** Oberhitze etwa **3 Minuten** überbacken.

Tipps **Statt Spitzkohl können Sie auch Karde, Stängelkohl (Cime di Rapa), Mangold oder wilden Spargel verwenden.**

Durch das eiskalte Olivenöl bindet der Risotto besser und der Olivenölgeschmack kommt stärker zur Geltung.

RISOTTO
mit Bärlauchpesto und Datteltomaten

4 Personen · 50 Minuten · leicht · vegetarisch

Bärlauchpesto
60 g **Bärlauch**
1 EL **Petersilie**
1 EL **Pinoli** (Pinienkerne)
1 **Knoblauchzehe**
4 EL **Olivenöl**
Salz

Risotto
80 g **Zwiebeln**
2 EL **Öl**
280 g **Rundkornreis** (Arborio, Carnaroli oder Vialone Nano)
50 ml **Weißwein**
1 l **heiße Gemüsebrühe** (siehe Seite 26) oder heißes Wasser
Salz
Pfeffer aus der Mühle
40 g **kalte Butter**
30 g **Parmesan,** gerieben
4 EL **Bärlauchpesto**

Weiteres
250 g **Datteltomaten,** geschält, halbiert und gebraten
12 **Kapuzinerkresseblätter** oder Bärlauchblüten zum Garnieren

Bärlauchpesto

1. Alle Zutaten im Mixer oder Mörser fein zerkleinern.

Risotto

2. Zwiebeln schälen, fein schneiden und in Öl leicht andünsten.
3. Den Reis zufügen und bei milder Hitze und unter ständigem Rühren glasig werden lassen.
4. Mit Weißwein ablöschen und die Flüssigkeit vollständig einkochen lassen.
5. Nach und nach mit Gemüsebrühe aufgießen, sodass der Reis immer mit Flüssigkeit bedeckt ist.
6. Salzen, pfeffern und unter oftmaligem Rühren etwa **18 Minuten** kochen lassen, bis der Risotto bissfest, seine Konsistenz aber cremig ist.
7. Den Risotto mit Butter, Parmesan und Bärlauchpesto verfeinern.

Fertigstellung

8. Den Risotto auf Tellern anrichten und mit gebratenen Datteltomaten und Kapuzinerkresse garniert servieren.

Tipps **Anstelle von Bärlauchpesto können Sie auch Basilikum- (siehe Seite 52) oder Rucolapesto (siehe Seite 136) verwenden.**

Den restlichen Pesto können Sie im Kühlschrank etwa 1 Woche aufbewahren.

GEMÜSERISOTTO

4 Personen | 30 Minuten | leicht | vegetarisch

40 g **Karotten**
40 g **Stangensellerie**
40 g **Zucchini**
40 g **gelbe und rote Peperoni** (Paprikaschoten)
50 g **Zwiebeln,** fein geschnitten
1 **Knoblauchzehe,** fein geschnitten
2 EL **Öl**
280 g **Rundkornreis** (Arborio, Carnaroli oder Vialone Nano)
50 ml **Weißwein** oder Sekt
1 l **heiße Gemüsebrühe** (siehe Seite 26) oder heißes Wasser
Salz
Pfeffer aus der Mühle
2 EL **kalte Butter**
30 g **Parmesan,** gerieben
50 g **Gemüsespäne** (fein gehobelte Karotten, Zucchini, Stangensellerie und Fenchel)

1. Karotten und Stangensellerie putzen, waschen, schälen und in kleine Würfel schneiden.
2. Zucchini und Peperoni ebenfalls in kleine Würfel schneiden.
3. Zwiebeln und Knoblauch in Öl andünsten.
4. Die Gemüsewürfel dazugeben und ebenfalls andünsten.
5. Den Reis zufügen, mit Weißwein ablöschen und nach und nach mit Gemüsebrühe aufgießen.
6. Mit Salz und Pfeffer würzen.
7. Unter ständigem Rühren etwa **18 Minuten** kochen lassen.
8. Den Risotto mit Butter und Parmesan verfeinern und mit Gemüsespänen garniert servieren.

Tipps **Statt Gemüsebrühe können Sie auch Geflügelbrühe (siehe Seite 27) verwenden.**

Wer den Risotto etwas feiner liebt, kann zum Schluss etwas flüssige oder geschlagene Sahne hinzufügen.

Je nach Jahreszeit eignen sich auch andere Gemüsesorten, z. B. Spargel, Tomaten, Wirsing, Blumenkohl, Erbsen, oder auch Champignons.

>> Siehe Schritt für Schritt Seite 30

RISOTTO
aglio, olio e peperoncino

4 Personen | 30 Minuten | leicht | vegetarisch | scharf

80 g **Zwiebeln**
2 **Knoblauchzehen**
120 g **rote Spitzpeperoni** (Spitzpaprikaschoten), in kleine Würfel geschnitten
2 EL **Olivenöl**
280 g **Rundkornreis** (Arborio, Carnaroli oder Vialone Nano)
50 ml **Weißwein**
1 l **heiße Gemüsebrühe** (siehe Seite 26) oder heißes Wasser
Salz
1 **Peperoncino** (Chilischote), fein geschnitten
40 g **kalte Butter**
30 g **Parmesan,** gerieben
20 g **Taggiasca-Oliven**
20 g **Petersilie,** fein geschnitten

1. Zwiebeln und Knoblauch schälen, fein schneiden und zusammen mit den Peperoniwürfeln in Olivenöl leicht andünsten.
2. Den Reis zufügen und bei milder Hitze und unter ständigem Rühren glasig werden lassen.
3. Mit Weißwein ablöschen und die Flüssigkeit vollständig einkochen lassen.
4. Nach und nach mit Gemüsebrühe aufgießen, sodass der Reis immer mit Flüssigkeit bedeckt ist.
5. Unter oftmaligem Rühren etwa **18 Minuten** kochen lassen, bis der Risotto bissfest, seine Konsistenz aber cremig ist.
6. Mit Salz und Peperoncino abschmecken und mit kalter Butter und Parmesan verfeinern.
7. Den Risotto mit Taggiasca-Oliven und Petersilie garniert servieren.

Tipps **Sie können die Taggiasca-Oliven auch weglassen.**

Wenn Sie dem Risotto mehr Farbe geben wollen, können Sie auch etwas Tomatensauce unterrühren.

RISOTTO
mit Ofenmelanzane und Datteltomaten

4 Personen | 50 Minuten | mittelschwer | vegetarisch

Ofenmelanzane
250 g **Melanzane** (Aubergine)
2 EL **Olivenöl**
1 Zweig **Rosmarin**
Salz
Pfeffer aus der Mühle

Risotto
80 g **Zwiebeln**
2 EL **Öl**
280 g **Rundkornreis** (Arborio, Carnaroli oder Vialone Nano)
50 ml **Weißwein**
1 l **heiße Gemüsebrühe** (siehe Seite 26) oder heißes Wasser
120 g **Ofenmelanzane** (Ofenaubergine)
Salz
Pfeffer aus der Mühle
40 g **kalte Butter**
30 g **Parmesan,** gerieben

Weiteres
100 g **getrocknete Datteltomaten**
100 g **Melanzane** (Aubergine), in Würfel geschnitten und frittiert
Basilikumblätter zum Garnieren

Ofenmelanzane

1. Melanzane halbieren und das Fruchtfleisch mit einem scharfen Messer der Länge nach ein-, aber nicht durchschneiden.
2. Die Schnittflächen mit etwas Olivenöl beträufeln und mit Rosmarin, Salz und Pfeffer würzen.
3. Im Backofen bei **170 Grad** etwa **30 Minuten** garen, bis die Melanzane weich sind.
4. Das Fruchtfleisch mit einem Löffel aus der Schale heben, in kleine Würfel schneiden und bereitstellen.

Risotto

5. Zwiebeln schälen, fein schneiden und in Öl leicht andünsten.
6. Den Reis zufügen und bei milder Hitze und unter ständigem Rühren glasig werden lassen.
7. Mit Weißwein ablöschen und die Flüssigkeit vollständig einkochen lassen.
8. Nach und nach mit Gemüsebrühe aufgießen, sodass der Reis immer mit Flüssigkeit bedeckt ist.
9. Unter oftmaligem Rühren etwa **18 Minuten** kochen lassen, bis der Risotto bissfest, seine Konsistenz aber cremig ist.
10. Ofenmelanzane unterrühren, mit Salz und Pfeffer abschmecken und mit kalter Butter und Parmesan verfeinern.

Fertigstellung

11. Den Risotto auf Tellern anrichten und mit Datteltomaten, frittierten Melanzanewürfeln und Basilikumblättern garniert servieren.

Tipps **Anstatt die Melanzane im Ofen zu garen, können Sie sie auch in Würfel schneiden und in Olivenöl braten.**

Die restliche Ofenmelanzane können Sie einfrieren oder für ein anderes Gericht verwenden.

ROHNENRISOTTO mit geflämmtem Camembert

4 Personen · 40 Minuten · leicht · vegetarisch

80 g **Zwiebeln**
2 EL **Olivenöl**
280 g **Rundkornreis** (Arborio, Carnaroli oder Vialone Nano)
50 ml **Weißwein**
600 ml **heiße Gemüsebrühe** (siehe Seite 26) oder heißes Wasser
500 ml **frisch gepresster Rohnensaft** (Rote-Bete-Saft)
½ TL **Kümmel**
Salz
Pfeffer aus der Mühle
40 g **kalte Butter**
30 g **Parmesan,** gerieben
120 g **Rohnen** (Rote Bete), in Würfel geschnitten und gekocht
12 **Ziegen-Camembert,** in Scheiben geschnitten
4 EL **Ziegenjoghurt** oder Sauerrahm
Pimpinelle zum Garnieren

1. Zwiebeln schälen, fein schneiden und in Öl leicht andünsten.
2. Den Reis zufügen und bei milder Hitze und unter ständigem Rühren glasig werden lassen.
3. Mit Weißwein ablöschen und die Flüssigkeit vollständig einkochen lassen.
4. Nach und nach mit Gemüsebrühe aufgießen, sodass der Reis immer mit Flüssigkeit bedeckt ist. Wenn die Gemüsebrühe aufgebraucht ist, mit Rohnensaft aufgießen.
5. Unter oftmaligem Rühren etwa **18 Minuten** kochen lassen, bis der Risotto bissfest, seine Konsistenz aber cremig ist.
6. Den Risotto mit Kümmel, Salz und Pfeffer abschmecken und mit kalter Butter und Parmesan verfeinern.
7. Die Rohnen kurz erwärmen und den in Scheiben geschnittenen Camembert auf beiden Seiten mit dem Bunsenbrenner kurz abflämmen.
8. Den Risotto mit Rohnen, Camembert und etwas Ziegenjoghurt auf Tellern anrichten. Mit Pimpinelle garniert servieren.

Tipps **Anstelle von Ziegen-Camembert können Sie auch Kuhmilch-Camembert oder Brie verwenden.**

Sie können den Rohnensaft auch durch gekochte und pürierte Rohnen ersetzen.

APFELRISOTTO mit Zitronenverbene

4 Personen | 40 Minuten | leicht | vegetarisch

50 g **Zwiebeln**
1 EL **Butter**
280 g **Rundkornreis** (Arborio, Carnaroli oder Vialone Nano)
100 ml **Weißwein**
Salz
750 ml **heiße Gemüsebrühe** (siehe Seite 26) oder heißes Wasser
125 ml **Apfelsaft**
200 g **Äpfel**
2 EL **kalte Butter**
50 ml **Sahne**
1 **Apfel,** in feine Streifen geschnitten oder geraspelt
Zitronenverbene, fein geschnitten, zum Garnieren

1. Zwiebeln schälen, in feine Würfel schneiden und in Butter andünsten.
2. Den Reis dazugeben und unter ständigem Rühren glasig werden lassen.
3. Mit Weißwein ablöschen, salzen und nach und nach mit heißer Gemüsebrühe und Apfelsaft aufgießen.
4. Unter oftmaligem Rühren etwa **18 Minuten** kochen lassen.
5. Die Äpfel schälen, in Würfel schneiden und zum Risotto geben.
6. Mit kalter Butter und flüssiger oder geschlagener Sahne verfeinern.
7. Den Risotto mit Apfelstreifen belegen und mit Zitronenverbene garniert servieren.

Tipps **Besonders gut eignen sich leicht säuerliche Äpfel wie Gravensteiner und Granny Smith.**

Servieren Sie zum Risotto gebratene Kalbsleber oder Entenbrust.

WILDREISRISOTTO
mit Berglinsen und Frischkäse

4 Personen | 1 Stunde | leicht | vegetarisch

120 g **Wildreis**
80 g **Schalotten**
1 **Knoblauchzehe**
80 g **Karotten,** in feine Würfel geschnitten
50 g **Knollensellerie,** in feine Würfel geschnitten
2 EL **Olivenöl**
200 g **Berglinsen**
50 ml **Weißwein**
1 l **heiße Gemüsebrühe** (siehe Seite 26) oder heißes Wasser
1 TL **geriebener Ingwer**
2 **Kardamomkapseln,** zerdrückt
Salz
Pfeffer aus der Mühle
40 g **kalte Butter**
100 g **Frischkäse**
30 g **Parmesan,** zerbröselt
2 EL **Maggikraut** (Liebstöckel) oder Bergbasilikum zum Garnieren

1. Den Wildreis waschen und **2 Stunden** in kaltem Wasser einweichen.
2. Schalotten und Knoblauch schälen, fein schneiden und zusammen mit Karotten- und Selleriewürfeln in Olivenöl leicht andünsten.
3. Die Berglinsen waschen und den Wildreis abseihen.
4. Beides zum Gemüse geben und bei milder Hitze und unter ständigem Rühren glasig werden lassen.
5. Mit Weißwein ablöschen und die Flüssigkeit vollständig einkochen lassen.
6. Nach und nach mit Gemüsebrühe aufgießen, sodass Linsen und Reis immer mit Flüssigkeit bedeckt sind.
7. Unter oftmaligem Rühren etwa **35 Minuten** kochen lassen, bis Linsen und Reis bissfest sind. Die Konsistenz des Risottos soll cremig sein.
8. Den Risotto mit Ingwer, Kardamom, Salz und Pfeffer abschmecken und mit kalter Butter, Frischkäse und Parmesan verfeinern.
9. Den Risotto auf Tellern anrichten und mit Maggikraut garniert servieren.

Tipps **Sie können die Berglinsen durch rote Linsen ersetzen.**

Anstelle von schwarzem Wildreis können Sie auch normalen Rundkornreis verwenden.

VOLLKORNRISOTTO mit geräuchertem Ricotta Sarda und Orange

4 Personen · 40 Minuten · leicht · vegetarisch

200 g **Vollkornreis**
80 g **Zwiebeln**
1 **Knoblauchzehe**
2 EL **Öl**
1,2 l **heiße Gemüsebrühe** (siehe Seite 26) oder heißes Wasser
Salz
Pfeffer aus der Mühle
50 ml **Orangensaft**
30 g **kalte Butter**
20 g **Parmesan,** gerieben
150 g **Ricotta Sarda,** in Scheiben geschnitten
1 TL **Orangenschale,** abgerieben
4 EL **Orangensaft**
Zitronenverbene zum Garnieren
Pfeffer aus der Mühle

1. Vollkornreis waschen und **1 Stunde** in lauwarmem Wasser einweichen. Abseihen.
2. Zwiebeln und Knoblauch schälen, fein schneiden und in Öl andünsten.
3. Den Reis zufügen und bei milder Hitze und unter ständigem Rühren glasig werden lassen.
4. Nach und nach mit Gemüsebrühe aufgießen, sodass der Reis immer mit Flüssigkeit bedeckt ist.
5. Unter oftmaligem Rühren etwa **25 Minuten** kochen lassen, bis der Risotto bissfest, seine Konsistenz aber cremig ist.
6. Den Risotto mit Salz und Pfeffer abschmecken und mit Orangensaft, kalter Butter und Parmesan verfeinern.
7. Auf Tellern anrichten und mit Ricotta Sarda, Orangenschale, Orangensaft und Zitronenverbene garnieren. Mit Pfeffer bestreut servieren.

Tipps **Anstelle von Ricotta Sarda können Sie auch normalen Ricotta verwenden.**

Wenn Sie diesem Risotto einen besonderen Touch geben wollen, rühren Sie eingelegte und in Würfel geschnittene Yuzu-Zitronen unter.

VOLLKORNRISOTTO mit Süßkartoffeln und Kaminwurzen

4 Personen | 40 Minuten | leicht

200 g **Vollkornreis**
80 g **Zwiebeln**
1 **Knoblauchzehe**
2 EL **Öl**
50 ml **Weißwein**
1,2 l **heiße Gemüsebrühe** (siehe Seite 26) oder heißes Wasser
150 g **Süßkartoffeln,** geschält und in Streifen geschnitten
Salz
Pfeffer aus der Mühle
30 g **kalte Butter**
20 g **Parmesan,** gerieben
1 TL **Bohnenkraut**
50 g **Kaminwurzen,** in dünne Scheiben geschnitten

1. Vollkornreis waschen und **1 Stunde** in lauwarmem Wasser einweichen. Abseihen.
2. Zwiebeln und Knoblauch schälen, fein schneiden und in Öl andünsten.
3. Den Reis zufügen und bei milder Hitze und unter ständigem Rühren glasig werden lassen.
4. Mit Weißwein ablöschen und die Flüssigkeit vollständig einkochen lassen.
5. Nach und nach mit Gemüsebrühe aufgießen, sodass der Reis immer mit Flüssigkeit bedeckt ist.
6. Unter oftmaligem Rühren etwa **10 Minuten** kochen lassen.
7. Die Süßkartoffeln dazugeben und weitere etwa **8 Minuten** kochen lassen, bis der Risotto bissfest, seine Konsistenz aber cremig ist.
8. Den Risotto mit Salz und Pfeffer abschmecken und mit kalter Butter und Parmesan verfeinern.
9. Auf Tellern anrichten und mit Bohnenkraut und Kaminwurzen garniert servieren.

Tipps **Statt der Gemüsebrühe können Sie auch Geflügelbrühe (siehe Seite 27) verwenden.**

Wer den Risotto etwas feiner liebt, kann zum Schluss etwas flüssige oder geschlagene Sahne hinzufügen.

BUCHWEIZENRISOTTO mit gebratenen Feigen

4 Personen | 40 Minuten | leicht | vegetarisch

Buchweizenrisotto

200 g **Buchweizen**
80 g **Zwiebeln**
1 **Knoblauchzehe**
2 EL **Öl**
50 ml **Weißwein**
1,2 l **heiße Gemüsebrühe** (siehe Seite 26) oder heißes Wasser
Salz
Pfeffer aus der Mühle
30 g **kalte Butter**
20 g **Parmesan,** gerieben

Gebratene Feigen

4 **Feigen**
1 EL **Butter**

Weiteres

100 g **Walnüsse,** grob gehackt
Radicchio und **Lollosalat** zum Garnieren

Buchweizenrisotto

1. Buchweizen waschen.
2. Zwiebeln und Knoblauch schälen, fein schneiden und in Öl andünsten.
3. Buchweizen zufügen und bei milder Hitze und unter ständigem Rühren glasig werden lassen.
4. Mit Weißwein ablöschen und die Flüssigkeit vollständig einkochen lassen.
5. Nach und nach mit Gemüsebrühe aufgießen, sodass der Buchweizen immer mit Flüssigkeit bedeckt ist.
6. Unter oftmaligem Rühren etwa **18 Minuten** kochen lassen, bis der Buchweizenrisotto bissfest, seine Konsistenz aber cremig ist.
7. Mit Salz und Pfeffer abschmecken und mit kalter Butter und Parmesan verfeinern.

Gebratene Feigen

8. Feigen spalten und Butter in einer beschichteten Pfanne erhitzen.
9. Die Feigen mit der Schnittfläche nach unten hineinlegen und etwa **2 Minuten** braten.

Fertigstellung

10. Den Risotto mit Walnüssen und Feigen auf Tellern anrichten und mit Radicchio und Lollosalat garniert servieren.

Tipp **Der Buchweizen kann durch Gerste oder Rundkornreis ersetzt werden.**

ORZOTTO
mit Grünkohl und Speck
Gerstenrisotto

4 Personen | 40 Minuten | leicht

200 g **Rollgerste**
80 g **Zwiebeln**
1 **Knoblauchzehe**
2 EL **Öl**
50 ml **Weißwein**
1,2 l **heiße Gemüsebrühe** (siehe Seite 26) oder heißes Wasser
Salz
Pfeffer aus der Mühle
150 g **Grünkohl,** in Streifen geschnitten und gedünstet
80 g **Speckstreifen,** geröstet
40 g **kalte Butter**
40 g **Bergkäse,** gerieben
Parmesan zum Garnieren

1. Rollgerste waschen und **1 Stunde** in lauwarmem Wasser einweichen. Abseihen.
2. Zwiebeln und Knoblauch schälen, fein schneiden und in Öl andünsten.
3. Die Rollgerste zufügen und bei milder Hitze und unter ständigem Rühren glasig werden lassen.
4. Mit Weißwein ablöschen und die Flüssigkeit vollständig einkochen lassen.
5. Nach und nach mit Gemüsebrühe aufgießen, sodass die Rollgerste immer mit Flüssigkeit bedeckt ist.
6. Unter oftmaligem Rühren etwa **22 Minuten** kochen lassen, bis die Gerste bissfest, ihre Konsistenz aber cremig ist.
7. Mit Salz und Pfeffer abschmecken und den Grünkohl und die gerösteten Speckstreifen unterrühren.
8. Den Risotto mit kalter Butter und Bergkäse verfeinern und mit geriebenem Parmesan bestreut servieren.

Tipps **Anstelle von Gemüsebrühe können Sie auch Geflügelbrühe (siehe Seite 27) verwenden.**

Um den Risotto noch weiter zu verfeinern, können Sie etwas flüssige oder geschlagene Sahne hinzufügen.

VOLLKORNRISOTTO mit gebratener Wachtelbrust

4 Personen · 40 Minuten · mittelschwer

200 g **Vollkornreis**
120 g **Tropea-Zwiebeln**
30 ml **Olivenöl**
1 **Knoblauchzehe,** fein gehackt
20 ml **Rotweinessig**
1,2 l **heiße Gemüsebrühe** (siehe Seite 26) oder heißes Wasser
150 g **Kartoffeln,** geschält und gewürfelt
Salz
Pfeffer aus der Mühle
30 g **kalte Butter**
20 g **Parmesan,** gerieben
4 **Wachtelbrüste,** gebraten und halbiert
1 TL **Salzblüte** (Fleur de Sel)
Pfeffer aus der Mühle
3 TL **Balsamicoessig**
Kornblumen zum Garnieren

1. Vollkornreis waschen und **1 Stunde** in lauwarmem Wasser einweichen. Abseihen.
2. Zwiebeln schälen und in feine Längsstreifen schneiden.
3. Zwiebelstreifen und Knoblauch etwa **4 Minuten** in Olivenöl andünsten und mit etwas Rotweinessig ablöschen.
4. Den Reis dazugeben und bei milder Hitze und unter ständigem Rühren glasig werden lassen.
5. Nach und nach mit Gemüsebrühe aufgießen, sodass der Reis immer mit Flüssigkeit bedeckt ist.
6. Unter oftmaligem Rühren etwa **10 Minuten** kochen lassen.
7. Die Kartoffeln dazugeben und weitere etwa **8 Minuten** kochen lassen, bis der Risotto bissfest, seine Konsistenz aber cremig ist.
8. Mit Salz und Pfeffer abschmecken und mit kalter Butter und Parmesan verfeinern.
9. Den Risotto mit den halbierten Wachtelbrüsten auf Tellern anrichten. Mit Salzblüte und Pfeffer bestreuen und mit etwas Balsamicoessig und Kornblumen garniert servieren.

Tipp **Anstelle von Wachtelbrust können Sie auch Hühner-, Rebhuhn-, Fasanen- oder Perlhuhnbrust verwenden.**

QUINOA
mit Tomaten und Taleggio

4 Personen | 40 Minuten | leicht | vegetarisch

200 g **Quinoa**
80 g **Zwiebeln**
1 **Knoblauchzehe**
2 EL **Öl**
50 ml **Weißwein**
1,2 l **heiße Gemüsebrühe** (siehe Seite 26) oder heißes Wasser
Salz
Pfeffer aus der Mühle
30 g **kalte Butter**
20 g **Parmesan,** gerieben
200 g **Tomaten,** in Scheiben geschnitten und geschmort
150 g **Taleggio,** in Würfel geschnitten
2 EL **Kräuter** (z. B. Petersilie und Basilikum), in feine Streifen geschnitten
Olivenöl zum Garnieren

1. Quinoa waschen und etwa **30 Minuten** in lauwarmem Wasser einweichen. Abseihen.
2. Zwiebeln und Knoblauch schälen, fein schneiden und in Öl andünsten.
3. Quinoa zufügen und bei milder Hitze und unter ständigem Rühren glasig werden lassen.
4. Mit Weißwein ablöschen und die Flüssigkeit vollständig einkochen lassen.
5. Nach und nach mit Gemüsebrühe aufgießen, sodass die Quinoa immer mit Flüssigkeit bedeckt ist.
6. Unter oftmaligem Rühren etwa **15 Minuten** kochen lassen, bis die Quinoa bissfest ist.
7. Mit Salz und Pfeffer abschmecken und mit kalter Butter und Parmesan verfeinern.
8. Quinoa mit geschmorten Tomaten und Taleggio auf Tellern anrichten und mit Kräutern und etwas Olivenöl garniert servieren.

Tipps **Anstelle von Gemüsebrühe können Sie Geflügelbrühe (siehe Seite 27) verwenden.**

Sie können die Quinoa auch durch Reis (am besten Venere) oder Gerste ersetzen.

KICHERERBSENRISOTTO
mit Sesam und Rucola

4 Personen | 40 Minuten | leicht | vegetarisch

Kichererbsen
150 g **Kichererbsen**
60 g **Zwiebeln**
1 **Knoblauchzehe**
2 EL **Öl**
600 ml **Gemüsebrühe** (siehe Seite 26) oder Wasser

Risotto
80 g **Zwiebeln**
2 EL **Öl**
80 g **Rundkornreis** (Arborio, Carnaroli oder Vialone Nano)
50 ml **Weißwein**
600 ml **heiße Gemüsebrühe** (siehe Seite 26) oder heißes Wasser
200 g **Peperoni** (Paprikaschoten), geschält und in Würfel geschnitten
2 EL **Olivenöl**
Salz
Pfeffer aus der Mühle
50 g **kaltes Tahini** (Sesampaste)
20 g **Parmesan,** gerieben

Weiteres
50 g **Rucola**
rosa Pfeffer aus der Mühle

Kichererbsen

1. Kichererbsen waschen und etwa **5 Stunden** in lauwarmem Wasser einweichen. Abseihen.
2. Zwiebeln und Knoblauch schälen, fein schneiden und in Öl andünsten.
3. Kichererbsen dazugeben und bei milder Hitze andünsten.
4. Mit Gemüsebrühe aufgießen und unter oftmaligem Rühren etwa **45 Minuten** kochen lassen, bis die Kichererbsen bissfest sind.

Risotto

5. Zwiebeln schälen, fein schneiden und in Öl leicht andünsten.
6. Den Reis zufügen und bei milder Hitze und unter ständigem Rühren glasig werden lassen.
7. Mit Weißwein ablöschen und die Flüssigkeit vollständig einkochen lassen.
8. Nach und nach mit Gemüsebrühe aufgießen, sodass der Reis immer mit Flüssigkeit bedeckt ist.
9. Unter oftmaligem Rühren etwa **18 Minuten** kochen lassen, bis der Risotto bissfest, seine Konsistenz aber cremig ist.
10. Die Peperoniwürfel in Olivenöl etwa **3 Minuten** andünsten und mit den gekochten Kichererbsen unter den Risotto rühren.
11. Den Risotto mit Salz und Pfeffer abschmecken und mit kaltem Tahini und Parmesan verfeinern.

Fertigstellung

12. Auf Tellern anrichten und mit Rucola und rosa Pfeffer garniert servieren.

Tipp **Tahini (Sesampaste) können Sie durch Mandel-, Sonnenblumenkern- oder Haselnusspaste ersetzen oder auch weglassen.**

88

90

92

94

96

98

100

102

104

106

108

110

Kräuter & Pilze

HOPFENRISOTTO
mit Bier und Peperoncino

4 Personen · 40 Minuten · leicht · scharf

80 g **Frühlingslauch** oder Zwiebeln
2 EL **Olivenöl**
280 g **Rundkornreis** (Arborio, Carnaroli oder Vialone Nano)
150 ml **Bier**
800 ml **heiße Gemüsebrühe** (siehe Seite 26) oder heißes Wasser
2 EL **Hopfendolden,** fein geschnitten
Salz
2 **milde Peperoncini** (milde Chilischoten), in Scheiben geschnitten
40 g **kalte Butter**
30 g **Parmesan,** gerieben
gedünstete Hopfendolden zum Garnieren
Bierschaum zum Garnieren

1. Frühlingslauch waschen, fein schneiden und in Olivenöl leicht andünsten.
2. Reis zufügen und bei milder Hitze und unter ständigem Rühren glasig werden lassen.
3. Mit Bier ablöschen und die Flüssigkeit vollständig einkochen lassen.
4. Nach und nach mit Gemüsebrühe aufgießen, sodass der Reis immer mit Flüssigkeit bedeckt ist.
5. Die geschnittenen Hopfendolden dazugeben und alles unter oftmaligem Rühren etwa **18 Minuten** kochen lassen, bis der Risotto bissfest, seine Konsistenz aber cremig ist.
6. Den Risotto mit Salz und Peperoncino abschmecken und mit kalter Butter und Parmesan verfeinern.
7. Auf Tellern anrichten, mit den gedünsteten Hopfendolden und etwas Bierschaum garniert servieren.

Tipps **Sie können das Bier zum Ablöschen auch durch Hopfentee ersetzen.**

Wer den Risotto etwas feiner liebt, kann noch etwas flüssige oder geschlagene Sahne hinzufügen.

SAFRANRISOTTO mit Lakritze

4 Personen · 30 Minuten · leicht · vegetarisch

80 g **Zwiebeln**
2 EL **Olivenöl**
280 g **Rundkornreis** (Arborio, Carnaroli oder Vialone Nano)
50 ml **Weißwein**
1 l **heiße Gemüsebrühe** (siehe Seite 26) oder heißes Wasser
1 Pkg. **Safranpulver**
1 Prise **Safranfäden**
2 EL **Weißwein**
Salz
Pfeffer aus der Mühle
40 g **kalte Butter**
30 g **Parmesan,** gerieben
Lakritzpulver zum Garnieren

1. Zwiebeln schälen, fein schneiden und in Olivenöl leicht andünsten.
2. Den Reis zufügen und bei milder Hitze und unter ständigem Rühren glasig werden lassen.
3. Mit Weißwein ablöschen und die Flüssigkeit vollständig einkochen lassen.
4. Nach und nach mit Gemüsebrühe aufgießen, sodass der Reis immer mit Flüssigkeit bedeckt ist.
5. Unter oftmaligem Rühren etwa **18 Minuten** kochen lassen, bis der Risotto bissfest, seine Konsistenz aber cremig ist.
6. Safranpulver und Safranfäden in Weißwein einweichen und mit der Einweichflüssigkeit unter den Risotto rühren. Mit Salz und Pfeffer abschmecken und mit kalter Butter und Parmesan verfeinern.
7. Den Risotto auf Tellern anrichten und mit Lakritze garniert servieren.

Tipp **Sie können die Lakritze auch durch geriebene Bottarga oder Blattgold ersetzen.**

KÄSERISOTTO mit Bergkräutern und Blüten

4 Personen | 30 Minuten | leicht | vegetarisch

Kräuteröl
150 ml **Olivenöl**
100 ml **Sonnenblumenöl**
20 g **Petersilienblätter**
20 g **Spinatblätter**
20 g **Schnittlauch**
1 TL **Thymian**

Risotto
80 g **Zwiebeln**
2 EL **Öl**
280 g **Rundkornreis** (Arborio, Carnaroli oder Vialone Nano)
50 ml **Weißwein**
1 l **heiße Gemüsebrühe** (siehe Seite 26) oder heißes Wasser
Salz
Pfeffer aus der Mühle
40 g **kalte Butter**
80 g **gut gereifter Bergkäse,** gerieben

Weiteres
50 g **Bergkräuter und -blüten** (Guter Heinrich, Quendel, Majoran, Borretschblüten, Kornblüten, Ringelblumen)
2 EL **Kräuteröl** (siehe oben)
Bergkäsespäne zum Garnieren

Kräuteröl

1. Oliven- und Sonnenblumenöl im Thermomix auf **100 Grad** erwärmen.
2. Petersilie, Spinat, Schnittlauch und Thymian dazugeben und etwa **8 Minuten** mixen.
3. Das Öl durch ein feines Sieb seihen und auf Eiswasser schnell abkühlen lassen.
4. Das Kräuteröl in eine dunkle Glasflasche füllen und kühl und dunkel aufbewahren.

Risotto

5. Zwiebeln schälen, fein schneiden und in Öl leicht andünsten.
6. Den Reis zufügen und bei milder Hitze und unter ständigem Rühren glasig werden lassen.
7. Mit Weißwein ablöschen und die Flüssigkeit vollständig einkochen lassen.
8. Nach und nach mit Gemüsebrühe aufgießen, sodass der Reis immer mit Flüssigkeit bedeckt ist.
9. Unter oftmaligem Rühren etwa **18 Minuten** kochen lassen, bis der Risotto bissfest, seine Konsistenz aber cremig ist.
10. Den Risotto mit Salz und Pfeffer abschmecken und mit kalter Butter und Bergkäse verfeinern.

Fertigstellung

11. Mit Bergkräutern und -blüten auf Tellern anrichten und mit Kräuteröl und Bergkäsespänen garniert servieren.

Tipps **Anstelle von Gemüsebrühe können Sie auch Geflügelbrühe (siehe Seite 27) verwenden.**

Den Bergkäse können Sie durch Pecorino oder Parmesan ersetzen.

SPROSSENRISOTTO mit Sojasauce

4 Personen · 30 Minuten · leicht · vegetarisch · scharf

Sprossen

80 g **Sojasprossen**
80 g **Erbsensprossen**
30 ml **Olivenöl**
Salz
1 **Peperoncino** (Chilischote), fein gerieben
4 EL **Sojasauce**

Risotto

80 g **Zwiebeln**
2 EL **Öl**
280 g **Rundkornreis** (Arborio, Carnaroli oder Vialone Nano)
50 ml **Reiswein** oder Weißwein
1 l **heiße Gemüsebrühe** (siehe Seite 26) oder heißes Wasser
Salz
Pfeffer aus der Mühle
40 g **kalte Butter**
30 g **Parmesan,** gerieben

Weiteres

10 g **Senfsprossen**
20 g **Alfalfasprossen**
10 g **Rohnensprossen** (Rote-Bete-Sprossen)

Sprossen

1. Soja- und Erbsensprossen waschen und in Öl etwa **4 Minuten** rösten.
2. Mit Salz, Peperoncino und Sojasauce würzen. Bereitstellen.

Risotto

3. Zwiebeln schälen, fein schneiden und in Öl leicht andünsten.
4. Den Reis zufügen und bei milder Hitze und unter ständigem Rühren glasig werden lassen.
5. Mit Reiswein ablöschen und die Flüssigkeit vollständig einkochen lassen.
6. Nach und nach mit Gemüsebrühe aufgießen, sodass der Reis immer mit Flüssigkeit bedeckt ist.
7. Unter oftmaligem Rühren etwa **18 Minuten** kochen lassen, bis der Risotto bissfest, seine Konsistenz aber cremig ist.
8. Die gerösteten Sprossen unter den Risotto rühren, mit Salz und Pfeffer abschmecken und mit kalter Butter und Parmesan verfeinern.

Fertigstellung

9. Den Risotto auf Tellern anrichten und mit den rohen Sprossen garniert servieren.

Tipps **Sie können auch andere Sprossen verwenden, z. B. Radieschen- oder Linsensprossen.**

Wer den Risotto schärfer liebt, kann zum Schluss etwas geriebenen Ingwer unterrühren.

SCHNITTLAUCHRISOTTO mit pochiertem Ei

4 Personen 40 Minuten mittelschwer

Risotto
80 g **Zwiebeln**
2 EL **Öl**
280 g **Rundkornreis** (Arborio, Carnaroli oder Vialone Nano)
50 ml **Weißwein**
1 l **heiße Gemüsebrühe** (siehe Seite 26) oder heißes Wasser
Salz
Pfeffer aus der Mühle
40 g **kalte Butter**
30 g **Parmesan,** gerieben

Pochiertes Ei
1 l **Wasser**
50 ml **Weißweinessig**
1 **Lorbeerblatt**
Pfefferkörner
4 **Eier**
Pfeffer aus der Mühle

Weiteres
2 EL **Schnittlauch**
4 EL **Panko-Brösel** oder Brotbrösel, geröstet
2 EL **Parmesan** zum Garnieren

Risotto

1. Zwiebeln schälen, fein schneiden und in Öl leicht andünsten.
2. Den Reis zufügen und bei milder Hitze und unter ständigem Rühren glasig werden lassen.
3. Mit Weißwein ablöschen und die Flüssigkeit vollständig einkochen lassen.
4. Nach und nach mit Gemüsebrühe aufgießen, sodass der Reis immer mit Flüssigkeit bedeckt ist.
5. Unter oftmaligem Rühren **etwa 18 Minuten** kochen lassen, bis der Risotto bissfest, seine Konsistenz aber cremig ist.
6. Den Risotto mit Salz und Pfeffer abschmecken und mit kalter Butter und Parmesan verfeinern.

Pochiertes Ei

7. Wasser mit Weißweinessig, Lorbeer und Pfefferkörnern in einem kleinen Topf bis zum Siedepunkt erhitzen.
8. Eier aufschlagen, ohne das Eigelb zu verletzen, und einzeln in eine Tasse geben. Ins Essigwasser gleiten lassen und eventuell mit einem Spatel oder Löffel vorsichtig vom Topfboden lösen.
9. Die Eier **3–5 Minuten** gar ziehen lassen (das Eiweiß muss fest, das Eigelb jedoch weich sein) und mit einer flachen Schaumkelle herausheben.

Fertigstellung

10. Den Risotto auf Tellern anrichten und mit pochiertem Ei, Schnittlauch, Panko-Bröseln und Parmesan garniert servieren.

WILDKRÄUTERRISOTTO mit Büffelmozzarella

4 Personen · 30 Minuten · leicht · vegetarisch

40 g **Zwiebeln**
40 g **Butter**
300 g **Rundkornreis** (Arborio, Vialone Nano oder Carnaroli)
80 ml **Weißwein**
etwa 1 l **heiße Gemüsebrühe** (siehe Seite 26) oder heißes Wasser
Salz
Pfeffer aus der Mühle
4 EL **Wildkräuter** (Guter Heinrich, Sauerampfer, Kümmel- und Bohnenkraut), geschnitten
2 EL **kalte Butter**
30 g **Parmesan,** gerieben
2 **Büffelmozzarella-Kugeln,** halbiert
4 EL **gezupfte Wildkräuter** (Guter Heinrich, Kümmelkraut, Bohnenkraut und Borretschblüten) zum Garnieren
Pfeffer aus der Mühle zum Garnieren

1. Zwiebeln schälen, fein schneiden und in Butter farblos andünsten.
2. Den Reis dazugeben, unter ständigem Rühren glasig werden lassen und mit Weißwein ablöschen.
3. Wenn die Flüssigkeit verkocht ist, nach und nach mit heißer Gemüsebrühe aufgießen, sodass der Reis immer mit Flüssigkeit bedeckt ist.
4. Unter oftmaligem Rühren etwa **18 Minuten** kochen lassen und mit Salz und Pfeffer würzen.
5. Die nicht zu fein geschnittenen Wildkräuter unter den Risotto rühren und mit kalter Butter und Parmesan verfeinern.
6. Den Risotto mit Büffelmozzarella auf Tellern anrichten und mit Wildkräutern sowie etwas frisch gemahlenem Pfeffer garniert servieren.

Tipp **Sie können natürlich auch andere Wildkräuter, z. B. Bärlauch, Brennnesseln oder Sauerklee, verwenden und den Risotto mit fein gehacktem Rosmarin würzen.**

STEINPILZRISOTTO

4 Personen · 30 Minuten · leicht · vegetarisch

300 g **Steinpilze**
80 g **Lauch** oder Schalotten
1 **Knoblauchzehe**
2 EL **Butter**
1 EL **Petersilie,** fein geschnitten
Salz
Pfeffer aus der Mühle
280 g **Rundkornreis** (Arborio, Vialone Nano oder Carnaroli)
100 ml **Madeira-Wein** oder Weißwein
1 l **heiße Geflügelbrühe** (siehe Seite 27) oder heißes Wasser
1 EL **Majoran,** fein geschnitten
1 TL **Rosmarin,** fein gehackt
2 EL **kalte Butter**
2 EL **Parmesan,** gerieben
100 g **Steinpilze,** geputzt und in Scheiben geschnitten
Majoranblätter zum Garnieren
Parmesan, gerieben

1. Steinpilze putzen, waschen und große Pilze vierteln oder in Scheiben schneiden (siehe Schritt für Schritt Seite 37).
2. Lauch und Knoblauch schälen, fein schneiden und in Butter andünsten.
3. Die Steinpilze zufügen und kurze Zeit mitdünsten lassen. Mit Petersilie, Salz und Pfeffer würzen.
4. Den Reis dazugeben, unter ständigem Rühren glasig werden lassen. Mit Madeira-Wein ablöschen und die Flüssigkeit vollständig einkochen lassen.
5. Nach und nach mit Geflügelbrühe aufgießen, sodass der Reis immer mit Flüssigkeit bedeckt ist.
6. Unter oftmaligem Umrühren etwa **18 Minuten** köcheln lassen, bis der Risotto bissfest, seine Konsistenz aber cremig ist.
7. Mit Majoran, Rosmarin, kalter Butter und Parmesan verfeinern.
8. Den Risotto auf Tellern anrichten und mit Steinpilzen, Majoran und Parmesan garniert servieren.

Tipps **Außerhalb der Saison kann man Champignons oder getrocknete Steinpilze verwenden.**

Noch feiner wird der Risotto, wenn Sie kurz vor dem Servieren etwas geschlagene Sahne unterheben.

Sie können den Risotto auch mit etwas brauner Kalbssauce (siehe Seite 29) verfeinern.

CHAMPIGNONRISOTTO

4 Personen | 50 Minuten | leicht

Champignons

400 g **Champignons**
50 g **Lauch**
1 **Knoblauchzehe**
2 EL **Butter**
1 EL **Petersilie,** fein geschnitten
Salz
Pfeffer aus der Mühle

Risotto

80 g **Zwiebel**
2 EL **Öl**
280 g **Rundkornreis** (Arborio, Vialone Nano oder Carnaroli)
100 ml **Weißwein** oder Sekt
1 l **heiße Geflügelbrühe** (siehe Seite 27) oder heißes Wasser
2 EL **kalte Butter**
2 EL **Parmesan,** gerieben

Weiteres

100 g **Champignons,** in Scheiben geschnitten
1 EL **Kerbelblätter** zum Garnieren
4 EL **Kalbssauce** (siehe Seite 29)

Champignons

1. Champignons putzen, waschen und vierteln.
2. Lauch und Knoblauch fein schneiden und in Butter anschwitzen.
3. Die Champignons zufügen und kurz dünsten. Mit Petersilie, Salz und Pfeffer würzen. Bereitstellen.

Risotto

4. Zwiebeln schälen, fein schneiden und in Öl leicht andünsten.
5. Den Reis zufügen und bei milder Hitze und unter ständigem Rühren glasig werden lassen.
6. Mit Weißwein ablöschen und die Flüssigkeit vollständig einkochen lassen.
7. Nach und nach mit Geflügelbrühe aufgießen, sodass der Reis immer mit Flüssigkeit bedeckt ist.
8. Unter oftmaligem Rühren etwa **18 Minuten** köcheln lassen, bis der Risotto bissfest, seine Konsistenz aber cremig ist.
9. Die gedünsteten Champignons unter den Risotto rühren und mit kalter Butter und Parmesan verfeinern.

Fertigstellung

10. Den Risotto mit den in Scheiben geschnittenen Champignons auf Tellern anrichten und mit Kerbelblättern und Kalbssauce garniert servieren.

Tipps **Sie können den Geschmack des Risottos noch verfeinern, indem Sie kurz vor dem Servieren etwas geschlagene Sahne unterheben.**

Die braune Kalbssauce können Sie auch weglassen.

PFIFFERLINGRISOTTO

4 Personen | 30 Minuten | leicht | vegetarisch

Pfifferlinge

400 g **Pfifferlinge**
50 g **Schalotten**
1 **Knoblauchzehe**
2 EL **Butter**
1 EL **Petersilie,** fein geschnitten
Salz
Pfeffer aus der Mühle

Risotto

80 g **Zwiebel**
40 ml **Öl**
280 g **Rundkornreis** (Arborio, Vialone Nano oder Carnaroli)
100 ml **Weißwein**
1 l **heiße Gemüsebrühe** (siehe Seite 26) oder heißes Wasser
Salz
Pfeffer aus der Mühle
2 EL **kalte Butter**
2 EL **Parmesan,** gerieben

Weiteres

1 EL **Schnittlauch,** fein geschnitten
2 EL **Kräuteröl** (siehe Seite 92)

Pfifferlinge

1. Pfifferlinge putzen, waschen und große Pilze vierteln oder in Stücke oder Scheiben schneiden (siehe Schritt für Schritt Seite 36).
2. Schalotten und Knoblauch schälen, fein schneiden und in Butter anschwitzen.
3. Die Pfifferlinge dazugeben und etwa **2 Minuten** rösten. Mit Petersilie, Salz und Pfeffer würzen. Bereitstellen.

Risotto

4. Zwiebeln schälen, fein schneiden und in Öl leicht andünsten.
5. Den Reis zufügen und bei milder Hitze und unter ständigem Rühren glasig werden lassen.
6. Mit Weißwein ablöschen und die Flüssigkeit einkochen lassen.
7. Nach und nach mit Gemüsebrühe aufgießen, sodass der Reis immer mit Flüssigkeit bedeckt ist.
8. Unter oftmaligem Rühren etwa **18 Minuten** köcheln lassen, bis der Risotto bissfest, seine Konsistenz aber cremig ist.
9. Die gedünsteten Pfifferlinge unter den Risotto mischen und mit Salz und Pfeffer würzen.
10. Den Risotto mit kalter Butter und Parmesan verfeinern.

Fertigstellung

11. Mit Schnittlauch und Kräuteröl garniert servieren.

Tipps **Anstelle von Pfifferlingen können Sie auch Pioppini oder Austernpilze verwenden.**

Sie können den Risotto noch mit etwas brauner Kalbssauce (siehe Seite 29) verfeinern.

RISOTTO
mit Portobello-Pilzen und Lauch

4 Personen | 30 Minuten | leicht | vegetarisch

300 g **Portobello-Pilze**
50 g **Zwiebeln**
1 **Knoblauchzehe**
120 g **Lauch**
2 EL **Butter**
1 EL **Petersilie,** fein geschnitten
Salz
Pfeffer aus der Mühle
280 g **Rundkornreis** (Arborio, Vialone Nano oder Carnaroli)
100 ml **Weißwein**
1 l **heiße Geflügelbrühe** (siehe Seite 27) oder heißes Wasser
1 EL **Majoran,** fein geschnitten
2 EL **kalte Butter**
2 EL **Parmesan,** gerieben
100 g **Portobello-Pilze,** in dünne Scheiben geschnitten
Kerbelblätter zum Garnieren
Parmesanspäne zum Garnieren

1. Die Portobello-Pilze putzen, waschen und in Würfel schneiden.
2. Zwiebeln und Knoblauch schälen, Lauch halbieren und waschen. Alles fein schneiden (siehe Schritt für Schritt Seite 32).
3. Zwiebeln, Knoblauch und Lauch in Butter anschwitzen. Die Pilze dazugeben, etwa **3 Minuten** mitdünsten und mit Petersilie, Salz und Pfeffer würzen.
4. Den Reis zufügen, mit Weißwein ablöschen und die Flüssigkeit vollständig einkochen lassen.
5. Nach und nach mit Geflügelbrühe aufgießen, sodass der Reis immer mit Flüssigkeit bedeckt ist.
6. Unter oftmaligem Rühren etwa **18 Minuten** köcheln lassen, bis der Risotto bissfest, seine Konsistenz aber cremig ist.
7. Mit Majoran, kalter Butter und Parmesan verfeinern.
8. Den Risotto mit den dünnen Portobello-Pilzscheiben auf Tellern anrichten und mit Kerbel und Parmesan garniert servieren.

Tipps **Anstelle von Portobello-Pilzen kann man auch Egerlinge, Champignons oder Shiitakepilze verwenden.**

Noch feiner wird der Risotto, wenn Sie kurz vor dem Servieren etwas geschlagene Sahne unterheben und ihn mit etwas brauner Kalbssauce (siehe Seite 29) servieren.

RISOTTO
mit Burrata und schwarzem Trüffel

4 Personen | 30 Minuten | leicht | vegetarisch

200 g **Lauch**
1 **Knoblauchzehe**
2 EL **Butter**
280 g **Rundkornreis** (Arborio, Vialone Nano oder Carnaroli)
200 ml **Champagner** oder Sekt
1 l **heiße Geflügelbrühe** (siehe Seite 27) oder heißes Wasser
Salz
Pfeffer aus der Mühle
2 EL **kalte Butter**
2 EL **Parmesan,** gerieben
120 g **Burrata**
20 g **schwarzer Trüffel,** fein gerieben (siehe Schritt für Schritt Seite 35)
2 EL **Kerbel,** fein geschnitten
Kerbelblätter zum Garnieren

1. Den Lauch putzen, waschen und in feine Blättchen schneiden (siehe Schritt für Schritt Seite 32). Knoblauch schälen und fein schneiden.
2. Lauch und Knoblauch in Butter anschwitzen.
3. Den Reis dazugeben und unter ständigem Rühren glasig werden lassen.
4. Mit Champagner ablöschen und die Flüssigkeit einkochen lassen.
5. Nach und nach mit Geflügelbrühe aufgießen, sodass der Reis immer mit Flüssigkeit bedeckt ist.
6. Unter oftmaligem Rühren etwa **18 Minuten** köcheln lassen, bis der Risotto bissfest, seine Konsistenz aber cremig ist.
7. Mit Salz und Pfeffer würzen und mit kalter Butter und Parmesan verfeinern.
8. Den Risotto mit gezupfter Burrata auf Tellern anrichten. Mit schwarzem Trüffel, Kerbel und Kerbelblättern garniert servieren.

Tipps **Anstelle von Trüffel können Sie auch dünn gehobelte frische Steinpilze verwenden.**

Noch feiner wird der Risotto, wenn Sie kurz vor dem Servieren etwas geschlagene Sahne unterheben.

RISOTTO
mit Wachtelei und weißem Alba-Trüffel

4 Personen | 50 Minuten | mittelschwer

Risotto
100 g **Schalotten**
1 **Knoblauchzehe**
2 EL **Butter**
280 g **Rundkornreis** (Arborio, Vialone Nano oder Carnaroli)
100 ml **Weißwein**
1 l **heiße Geflügelbrühe** (siehe Seite 27) oder heißes Wasser
Salz
Pfeffer aus der Mühle
2 EL **kalte Butter**
2 EL **Parmesan,** gerieben

Pochierte Wachteleier
1 l **Wasser**
50 ml **Weißweinessig**
1 **Lorbeerblatt**
5 **Pfefferkörner**
24 **Wachteleier**

Weiteres
20 g **weiße Alba-Trüffel**
1 EL **Petersilie,** fein geschnitten

Risotto

1. Schalotten und Knoblauch schälen, fein schneiden und in Butter anschwitzen.
2. Den Reis dazugeben und unter ständigem Rühren glasig werden lassen.
3. Mit Weißwein ablöschen und die Flüssigkeit einkochen lassen.
4. Nach und nach mit Geflügelbrühe aufgießen, sodass der Reis immer mit Flüssigkeit bedeckt ist.
5. Unter oftmaligem Rühren etwa **18 Minuten** köcheln lassen, bis der Risotto bissfest, seine Konsistenz aber cremig ist.
6. Mit Salz und Pfeffer würzen und mit kalter Butter und Parmesan verfeinern.

Pochierte Wachteleier

7. Wasser mit Weißweinessig, Lorbeerblatt und Pfefferkörnern in einem kleinen Topf bis zum Siedepunkt erhitzen.
8. Die Wachteleier aufschlagen, ohne das Eigelb zu verletzen, und einzeln in eine Tasse geben. Ins Essigwasser gleiten lassen und eventuell mit einem Spatel oder Löffel vorsichtig vom Topfboden lösen.
9. Die Wachteleier etwa **3 Minuten** garen (das Eiweiß muss fest, das Eigelb jedoch weich sein) und mit einer flachen Schaumkelle herausheben.

Fertigstellung

10. Den Risotto auf Tellern anrichten und mit Wachteleiern, fein gehobelten Trüffelscheiben (siehe Schritt für Schritt Seite 35) und Petersilie garniert servieren.

Tipps **Wer den Geschmack des Risottos noch verfeinern möchte, kann kurz vor dem Servieren etwas geschlagene Sahne unterheben.**

Den Alba-Trüffel können Sie auch durch dünn gehobelte Steinpilze ersetzen.

114

116

118

126

128

130

138

140

142

150

152

154

120

122

124

132

134

136

144

146

148

156

158

160

Käse & Fleisch

SPINATRISOTTO mit Pecorino

4 Personen | 30 Minuten | leicht | vegetarisch

2 **Schalotten**
1 **Knoblauchzehe**
2 EL **Öl**
280 g **Rundkornreis** (Arborio, Carnaroli oder Vialone Nano)
50 ml **Weißwein**
1 l **heiße Gemüsebrühe** (siehe Seite 26) oder heißes Wasser
Salz
Pfeffer aus der Mühle
½ EL **Zitronensaft**
50 g **kalte Butter**
50 g **Pecorino** (Schafsmilchkäse), gerieben
100 g **Spinat,** gekocht und fein püriert
50 g **Spinat,** gedünstet und gewürzt
Pecorino, in Stücke gebrochen, zum Garnieren
Pfeffer aus der Mühle

1. Schalotten und Knoblauch schälen, fein schneiden und in Öl leicht andünsten.
2. Den Reis zufügen und bei milder Hitze und unter ständigem Rühren glasig werden lassen.
3. Mit Weißwein ablöschen und die Flüssigkeit vollständig einkochen lassen.
4. Nach und nach mit Gemüsebrühe aufgießen, sodass der Reis immer mit Flüssigkeit bedeckt ist.
5. Unter oftmaligem Rühren etwa **18 Minuten** kochen lassen, bis der Risotto bissfest, seine Konsistenz aber cremig ist.
6. Mit Salz, Pfeffer und Zitronensaft abschmecken und mit kalter Butter, Pecorino und Spinatpüree verfeinern.
7. Den Risotto auf Tellern anrichten und mit Spinat, Pecorino und Pfeffer garniert servieren.

Tipps **Sie können auch 2 fein gehackte Sardellenfilets zum Risotto geben.**

Anstelle von Pecorino können Sie Parmesan oder sehr würzigen Bergkäse verwenden.

RISOTTO mit Oliven und Caciocavallo

4 Personen · 30 Minuten · leicht · vegetarisch

80 g **Zwiebeln**
2 EL **Öl**
280 g **Rundkornreis** (Arborio, Carnaroli oder Vialone Nano)
20 ml **weißer Balsamicoessig** oder Apfelessig
1 l **heiße Gemüsebrühe** (siehe Seite 26) oder heißes Wasser
Salz
Pfeffer aus der Mühle
100 g **geräucherter Caciocavallo,** in kleine Würfel geschnitten
20 g **kalte Butter**
2 EL **kaltes Öl** der Taggiasca-Oliven
30 g **Parmesan,** gerieben
80 g **Taggiasca-Oliven** zum Garnieren
Basilikum zum Garnieren

1. Zwiebeln schälen, fein schneiden und in Öl leicht andünsten.
2. Den Reis zufügen und bei milder Hitze und unter ständigem Rühren glasig werden lassen.
3. Mit weißem Balsamicoessig ablöschen und die Flüssigkeit vollständig einkochen lassen.
4. Nach und nach mit Gemüsebrühe aufgießen, sodass der Reis immer mit Flüssigkeit bedeckt ist.
5. Unter oftmaligem Rühren etwa **18 Minuten** kochen lassen, bis der Risotto bissfest, seine Konsistenz aber cremig ist.
6. Mit Salz und Pfeffer abschmecken und den Caciocavallo unter den Risotto rühren.
7. Mit kalter Butter, dem Öl der Taggiasca-Oliven und Parmesan verfeinern.
8. Den Risotto auf Tellern anrichten und mit Taggiasca-Oliven und Basilikum garniert servieren.

Tipps **Sie können den geräucherten Caciocavallo durch Mozzarella ersetzen.**

Anstelle von Taggiasca-Oliven können Sie auch grüne Oliven verwenden.

PARMESANRISOTTO

4 Personen | 30 Minuten | leicht | vegetarisch

80 g **Zwiebeln**
2 EL **Öl**
280 g **Rundkornreis** (Arborio, Carnaroli oder Vialone Nano)
50 ml **Weißwein**
1 l **heiße Gemüsebrühe** (siehe Seite 26) oder heißes Wasser
Salz
Pfeffer aus der Mühle
40 g **kalte Butter**
30 g **Parmesan,** gerieben
Kerbel zum Garnieren
2 EL **Olivenöl** zum Garnieren

1. Zwiebeln schälen, fein schneiden und in Öl leicht andünsten.
2. Den Reis zufügen und bei milder Hitze und unter ständigem Rühren glasig werden lassen.
3. Mit Weißwein ablöschen und die Flüssigkeit vollständig einkochen lassen.
4. Nach und nach mit Gemüsebrühe aufgießen, sodass der Reis immer mit Flüssigkeit bedeckt ist.
5. Unter oftmaligem Rühren etwa **18 Minuten** kochen lassen, bis der Risotto bissfest, seine Konsistenz aber cremig ist.
6. Mit Salz und Pfeffer abschmecken und mit kalter Butter und Parmesan verfeinern.
7. Den Risotto auf Tellern anrichten und mit Kerbel und Olivenöl garniert servieren.

Tipps **Sie können die Gemüsebrühe auch durch Geflügelbrühe (siehe Seite 27) ersetzen. Allerdings ist das Gericht dann nicht mehr vegetarisch.**

Wer den Risotto etwas feiner liebt, kann zum Schluss etwas flüssige oder geschlagene Sahne zufügen.

RISOTTO
mit Karde und Stracciatella di Burrata

4 Personen | 30 Minuten | leicht | vegetarisch

Karde

400 g **Kardestängel** ohne Blätter
50 g **Zwiebeln**
1 **Knoblauchzehe**
40 g **Butter**
50 ml **Bier** oder Sekt

Risotto

280 g **Rundkornreis** (Arborio, Vialone oder Carnaroli)
1 l **heiße Gemüsebrühe** (siehe Seite 26) oder heißes Wasser
Salz
Pfeffer aus der Mühle
50 ml **sehr kaltes Olivenöl**
1 EL **Parmesan,** gerieben
1 EL **Petersilie,** fein geschnitten

Weiteres

200 g **Stracciatella di Burrata** oder Mozzarella
Karde zum Garnieren
Kresse zum Garnieren
2 EL **Kräuteröl** (siehe Seite 92)

Karde

1. Die Kardestängel waschen und in schräge, 1 cm lange Scheiben schneiden.
2. Zwiebeln und Knoblauch schälen und in kleine Würfel schneiden.
3. Alles in Butter andünsten und mit Bier ablöschen.

Risotto

4. Den Reis dazugeben, nach und nach mit Gemüsebrühe aufgießen und etwa **18 Minuten** kochen lassen.
5. Mit Salz und Pfeffer würzen und drei Viertel der Karde unter den Risotto rühren.
6. Mit Olivenöl, Parmesan und Petersilie verfeinern.

Fertigstellung

7. Den Risotto auf Tellern anrichten und mit Stracciatella di Burrata, Karde, Kresse und Kräuteröl garniert servieren.

Tipps **Anstelle von Karde können Sie Mangold oder wilden, weißen bzw. grünen Spargel verwenden.**

Mit dem eiskalten Olivenöl bindet der Risotto besser und der Olivenölgeschmack kommt stärker zur Geltung.

Wenn Sie den Risotto noch weiter verfeinern wollen, ergänzen Sie ihn mit Lardo oder Bauchspeck.

RISOTTO
mit roten Zwiebeln, Avocado und Feta

4 Personen | 40 Minuten | leicht | vegetarisch

Rote Zwiebeln
2 **rote Zwiebeln**
200 ml **Wasser**
40 ml **Rotweinessig**
1 **Lorbeerblatt**
Salz
Pfeffer aus der Mühle

Risotto
2 EL **Öl**
280 g **Rundkornreis** (Arborio, Carnaroli oder Vialone Nano)
1 l **heiße Gemüsebrühe** (siehe Seite 26) oder heißes Wasser
Salz
Pfeffer aus der Mühle
40 g **kalte Butter**
30 g **Parmesan,** gerieben

Weiteres
1 **Avocado,** geschält und in Scheiben geschnitten
100 g **Feta,** gewürfelt

Rote Zwiebeln

1. Die roten Zwiebeln schälen und in Streifen schneiden.
2. Wasser und Rotweinessig aufkochen und die Zwiebelstreifen dazugeben.
3. Mit Lorbeer, Salz und Pfeffer würzen und etwa **20 Minuten** kochen.

Risotto

4. Das Öl erhitzen und den Reis darin unter ständigem Rühren glasig werden lassen.
5. Nach und nach mit Gemüsebrühe aufgießen, sodass der Reis immer mit Flüssigkeit bedeckt ist.
6. Unter oftmaligem Rühren etwa **18 Minuten** kochen lassen, bis der Risotto bissfest, die Konsistenz aber cremig ist.
7. Den Risotto mit Salz und Pfeffer abschmecken, die roten Zwiebeln unterrühren und mit kalter Butter und Parmesan verfeinern.

Fertigstellung

8. Den Risotto auf Tellern anrichten und mit Avocado und Feta garniert servieren.

Tipps **Sie können die Gemüsebrühe auch durch Geflügelbrühe (siehe Seite 27) ersetzen. Allerdings ist der Risotto dann nicht mehr vegetarisch.**

Wer den Risotto besonders fein mag, kann zum Schluss etwas Mascarpone hinzufügen.

GRAUKÄSERISOTTO mit Bauernbrot

4 Personen | 40 Minuten | leicht | vegetarisch

80 g **Zwiebeln**
2 EL **Öl**
280 g **Rundkornreis** (Arborio, Carnaroli oder Vialone Nano)
50 ml **Weißwein**
1 l **heiße Gemüsebrühe** (siehe Seite 26) oder heißes Wasser
Salz
Pfeffer aus der Mühle
40 g **kalte Butter**
30 g **Parmesan,** gerieben
50 g **Bauernbrot,** in Würfel geschnitten und geröstet
60 g **Graukäse**
50 g **Bauernbrot,** in dünne Scheiben geschnitten und geröstet
50 g **Graukäse,** grob zerbröselt
2 EL **Maggikraut** (Liebstöckel) oder Sellerieblätter, fein geschnitten

1. Zwiebeln schälen, fein schneiden und in Öl leicht andünsten.
2. Den Reis zufügen und bei milder Hitze und unter ständigem Rühren glasig werden lassen.
3. Mit Weißwein ablöschen und die Flüssigkeit vollständig einkochen lassen.
4. Nach und nach mit Gemüsebrühe aufgießen, sodass der Reis immer mit Flüssigkeit bedeckt ist.
5. Unter oftmaligem Rühren etwa **18 Minuten** kochen lassen, bis der Risotto bissfest, seine Konsistenz aber cremig ist.
6. Mit Salz und Pfeffer abschmecken und mit kalter Butter, Parmesan, gerösteten Bauernbrotwürfeln und Graukäse verfeinern.
7. Den Risotto auf Tellern anrichten und mit Bauernbrotscheiben, dem restlichen Graukäse und Maggikraut garniert servieren.

Tipps **Sie können den Graukäse durch Ziegenkäse oder Gorgonzola ersetzen.**

Wenn Sie den Risotto noch weiter verfeinern möchten, geben Sie zum Schluss etwas Frischkäse dazu.

TOMATENRISOTTO mit Mozzarella und Basilikum

4 Personen | 30 Minuten | leicht | vegetarisch

50 g **Zwiebeln**
2 EL **Olivenöl**
280 g **Rundkornreis** (Arborio, Vialone Nano oder Carnaroli)
1 l **heiße Tomatenbrühe** (siehe Seite 28) oder heißes Wasser
400 g **Datteltomaten**
Salz
2 EL **kalte Butter**
30 g **Parmesan,** gerieben
200 g **Mozzarella,** in Stücke geschnitten
2 EL **Petersilie,** geschnitten, zum Garnieren
12 **Basilikumblätter**
Parmesan zum Garnieren

1. Zwiebeln schälen, fein schneiden und in Olivenöl leicht andünsten.
2. Den Reis dazugeben und bei geringer Hitze glasig werden lassen.
3. Nach und nach mit Tomatenbrühe aufgießen, sodass der Reis immer mit Flüssigkeit bedeckt ist.
4. Unter ständigem Rühren etwa **18 Minuten** kochen lassen, bis der Risotto bissfest, seine Konsistenz aber cremig ist.
5. Die Datteltomaten eventuell schälen, halbieren und kurz vor Garende zum Risotto geben.
6. Mit Salz würzen und mit kalter Butter und Parmesan verfeinern.
7. Den Risotto auf Tellern anrichten und mit Mozzarella, Petersilie, Basilikumblättern und Parmesan garniert servieren.

Tipp **Sie können den Mozzarella auch durch gebratene Fischfilets (Rotbarbe, Zander, Steinbutt) oder gebratene Krustentiere (Garnelen, Scampi, Langusten) ersetzen.**

SPARGELRISOTTO mit Parmesan-Espuma

4 Personen | 50 Minuten | leicht | vegetarisch

Parmesan-Espuma

100 ml **Geflügelbrühe** (siehe Seite 27)
100 ml **Sahne**
50 ml **Wasser**
Salz
Pfeffer aus der Mühle
250 g **Parmesan**

Risotto

80 g **Zwiebeln**
2 EL **Öl**
280 g **Rundkornreis** (Arborio, Carnaroli oder Vialone Nano)
800 ml **heiße Geflügelbrühe** (siehe Seite 27) oder heißes Wasser
100 ml **Sekt** oder Weißwein
200 g **Spargel,** in Stücke geschnitten und gekocht
Salz
Pfeffer aus der Mühle
40 g **kalte Butter**
30 g **Parmesan,** gerieben

Weiteres

16 **Spargelspitzen,** gekocht und in etwas Butter erhitzt
Pfeffer
Dillspitzen zum Garnieren
Borretschblüten zum Garnieren

Parmesan-Espuma

1. Geflügelbrühe, Sahne, Wasser, Salz und Pfeffer kurz aufkochen.
2. Parmesan dazugeben und im Thermomix bei **60 Grad** etwa **5 Minuten** fein mixen.
3. Die Espuma in einen Siphon füllen, mit einer Sahnekapsel versetzen und bis zur Weiterverwendung im **60 Grad** heißen Wasserbad warm halten.

Risotto

4. Zwiebeln schälen, fein schneiden und in Öl leicht andünsten.
5. Den Reis zufügen und bei milder Hitze und unter ständigem Rühren glasig werden lassen.
6. Nach und nach mit Geflügelbrühe aufgießen, sodass der Reis immer mit Flüssigkeit bedeckt ist. Kurz vor Garende mit Sekt aufgießen.
7. Unter oftmaligem Rühren etwa **18 Minuten** kochen lassen.
8. Den gekochten Spargel dazugeben. Mit Salz und Pfeffer abschmecken und mit kalter Butter und Parmesan verfeinern.

Fertigstellung

9. Den Risotto auf Tellern anrichten und mit Spargelspitzen, Parmesan-Espuma, Pfeffer, Dillspitzen und Borretschblüten garniert servieren.

Tipps **Anstelle von Sekt können Sie Champagner verwenden.**

Sie können den Risotto auch mit geschnittenem Rucola verfeinern.

BRENNNESSELRISOTTO mit Gorgonzola

4 Personen | 40 Minuten | leicht | vegetarisch

2 **Schalotten**
1 **Knoblauchzehe**
2 EL **Öl**
280 g **Rundkornreis** (Arborio, Carnaroli oder Vialone Nano)
50 ml **Weißwein**
1 l **heiße Gemüsebrühe** (siehe Seite 26) oder heißes Wasser
100 g **Brennnesseln,** gekocht und püriert
50 g **Brennnesseln,** in Streifen geschnitten
Salz
Pfeffer aus der Mühle
½ EL **Zitronensaft**
50 g **kalte Butter**
50 g **Parmesan,** gerieben
100 g **Gorgonzolawürfel** zum Garnieren
frittierte Brennnesselblätter (siehe Tipp) zum Garnieren

1. Schalotten und Knoblauch schälen, fein schneiden und in Öl leicht andünsten.
2. Den Reis zufügen und bei milder Hitze und unter ständigem Rühren glasig werden lassen.
3. Mit Weißwein ablöschen und die Flüssigkeit vollständig einkochen lassen.
4. Nach und nach mit Gemüsebrühe aufgießen, sodass der Reis immer mit Flüssigkeit bedeckt ist.
5. Unter oftmaligem Rühren etwa **18 Minuten** kochen lassen, bis der Risotto bissfest, seine Konsistenz aber cremig ist.
6. Die pürierten sowie die in Streifen geschnittenen Brennnesseln unter den Risotto rühren und mit Salz, Pfeffer und Zitronensaft abschmecken.
7. Mit kalter Butter und Parmesan verfeinern.
8. Den Risotto auf Tellern anrichten und mit Gorgonzola und frittierten Brennnesselblättern garniert servieren.

Tipps **Sie können auch zwei Sardellenfilets fein hacken und unter den Risotto rühren.**

Anstelle von Brennnesseln können Sie Guten Heinrich (Wilden Spinat) oder Spinat verwenden.

Frittieren Sie die gut abgetrockneten Brennnesselblätter etwa 1 Minute im 170 Grad heißen Fett.

ROSMARINRISOTTO mit gebratener Taubenbrust

4 Personen | 50 Minuten | mittelschwer

Taubenbrust

2 **Taubenbrüste**
Salz
Pfeffer aus der Mühle
Öl zum Braten
2 **Thymianzweige**
1 **Rosmarinzweig**

Risotto

80 g **Zwiebeln**
2 EL **Öl**
280 g **Rundkornreis** (Arborio, Carnaroli oder Vialone Nano)
50 ml **Weißwein**
1 l **heiße Geflügelbrühe** (siehe Seite 27) oder heißes Wasser
Salz
Pfeffer aus der Mühle
40 g **kalte Butter**
1 TL **Rosmarin,** fein gehackt
30 g **Parmesan,** gerieben

Weiteres

Salzblüte (Fleur de Sel) zum Garnieren
Pfeffer aus der Mühle
Thymian, Rosmarin und **Majoran** zum Garnieren
4 EL **Kalbssauce** (siehe Seite 29) oder Geflügelsauce

Taubenbrust

1. Die Taubenbrüste mit Salz und Pfeffer würzen und etwa **1 Minute** im heißen Öl anbraten.
2. Bei **120 Grad** im Backofen garen, bis das Fleisch eine Kerntemperatur von etwa **46 Grad** hat. Herausnehmen und mit Thymian und Rosmarin in Alufolie wickeln. Etwas ruhen lassen.

Risotto

3. Zwiebeln schälen, fein schneiden und in Öl leicht andünsten.
4. Den Reis zufügen und bei milder Hitze und unter ständigem Rühren glasig werden lassen.
5. Mit Weißwein ablöschen und die Flüssigkeit vollständig einkochen lassen.
6. Nach und nach mit Geflügelbrühe aufgießen, sodass der Reis immer mit Flüssigkeit bedeckt ist.
7. Unter oftmaligem Rühren etwa **18 Minuten** kochen lassen, bis der Risotto bissfest, die Konsistenz aber cremig ist.
8. Mit Salz und Pfeffer abschmecken und mit kalter Butter, Rosmarin und Parmesan verfeinern.

Fertigstellung

9. Die Taubenbrust aus der Alufolie nehmen und längs halbieren.
10. Den Risotto auf Tellern geben und die Taubenbrust darauf anrichten. Mit Salzblüte, Pfeffer, Kräutern und Kalbssauce garniert servieren.

Tipps **Sie können die Geflügelbrühe durch Gemüsebrühe (siehe Seite 26) ersetzen.**

Anstelle von Taubenbrust können Sie Enten- oder Hühnerbrust verwenden.

SONNENBLUMENKERN-RISOTTO mit Kalbsbries

4 Personen | 1½ Stunden | mittelschwer

Sonnenblumenkerncreme

100 g **Sonnenblumenkerne**
100 ml **Wasser**
1 TL **Kurkuma**
Salz

Kalbsbries

1 l **Wasser**
1 **Lorbeerblatt**
2 **Petersilienstängel**
200 g **Kalbsbries**
2 EL **Butter**
Salz
Pfeffer aus der Mühle
1 **Thymianzweig**

Risotto

80 g **Zwiebeln**
2 EL **Öl**
280 g **Rundkornreis** (Arborio, Carnaroli oder Vialone Nano)
50 ml **Sekt** oder Weißwein
1 l **heiße Geflügelbrühe** (siehe Seite 27) oder heißes Wasser
Salz
Pfeffer aus der Mühle
40 g **kalte Butter**
30 g **Parmesan,** gerieben

Weiteres

2 EL **Sonnenblumenkerne,** karamellisiert und gehackt
2 EL **Kerbel,** fein geschnitten

Sonnenblumenkerncreme

1. Sonnenblumenkerne bei trockener Hitze leicht rösten.
2. Wasser und Kurkuma dazugeben und etwa **2 Minuten** kochen lassen.
3. Alles im Mixer fein pürieren und mit Salz abschmecken. Bereitstellen.

Kalbsbries

4. Wasser mit Lorbeer und Petersilie zum Kochen bringen.
5. Das Kalbsbries waschen, ins kochende Wasser geben und etwa **15 Minuten** langsam kochen lassen.
6. Herausnehmen, in kaltem Wasser abschrecken, in Stücke zupfen und von den Häuten befreien.
7. Das Bries in Butter langsam braten (glacieren) und mit Salz, Pfeffer und Thymian abschmecken.

Risotto

8. Zwiebeln schälen, fein schneiden und in Öl leicht andünsten.
9. Den Reis zufügen und bei milder Hitze und unter ständigem Rühren glasig werden lassen.
10. Mit Sekt ablöschen und die Flüssigkeit vollständig einkochen lassen.
11. Nach und nach mit Geflügelbrühe aufgießen, sodass der Reis immer mit Flüssigkeit bedeckt ist.
12. Unter oftmaligem Rühren etwa **18 Minuten** kochen lassen, bis der Risotto bissfest, seine Konsistenz aber cremig ist.
13. Den Risotto mit Salz und Pfeffer abschmecken und mit Sonnenblumenkerncreme, kalter Butter und Parmesan verfeinern.

Fertigstellung

14. Den Risotto auf Teller geben und das Kalbsbries darauf anrichten. Mit Sonnenblumenkernen und Kerbel garniert servieren.

Tipp **Anstelle von Kalbsbries können Sie auch Kalbsniere oder -herz verwenden.**

RISOTTO
mit Rucolapesto und Rindscarpaccio

4 Personen | 40 Minuten | mittelschwer

Rucolapesto
30 g **Rucola**
20 g **Petersilie**
1 EL **Pinoli** (Pinienkerne)
1 **Knoblauchzehe**
50 ml **Olivenöl**
Salz

Risotto
80 g **Zwiebeln**
2 EL **Öl**
280 g **Rundkornreis** (Arborio, Carnaroli oder Vialone Nano)
50 ml **Weißwein**
1 l **heiße Geflügelbrühe** (siehe Seite 27) oder heißes Wasser
Salz
Pfeffer aus der Mühle
4 EL **Rucolapesto**
40 g **kalte Butter**
30 g **Parmesan,** gerieben

Weiteres
120 g **Rindsfilet**
Salz
Pfeffer aus der Mühle
Olivenöl zum Servieren
Parmesanspäne zum Garnieren

Rucolapesto

1. Rucola, Petersilie, Pinoli, Knoblauch und Olivenöl im Mixer fein pürieren.
2. Mit Salz abschmecken und bereitstellen.

Risotto

3. Zwiebeln schälen, fein schneiden und in Öl leicht andünsten.
4. Den Reis zufügen und bei milder Hitze und unter ständigem Rühren glasig werden lassen.
5. Mit Weißwein ablöschen und die Flüssigkeit vollständig einkochen lassen.
6. Nach und nach mit Geflügelbrühe aufgießen, sodass der Reis immer mit Flüssigkeit bedeckt ist.
7. Unter oftmaligem Rühren etwa **18 Minuten** kochen lassen, bis der Risotto bissfest, seine Konsistenz aber cremig ist.
8. Mit Salz und Pfeffer würzen und den Rucolapesto unterrühren. Mit kalter Butter und Parmesan verfeinern.

Fertigstellung

9. Das Rindsfilet in dünne Scheiben schneiden.
10. Die Scheiben zwischen 2 Folien legen und hauchdünn klopfen.
11. Den Risotto auf Tellern anrichten. Das Carpaccio darauflegen, salzen, pfeffern und mit Olivenöl beträufeln. Mit Pesto und Parmesan garniert servieren.

Tipps **Sie können die Geflügelbrühe auch durch Gemüsebrühe (siehe Seite 26) ersetzen.**

Anstelle von Rindscarpaccio können Sie in Scheiben geschnittenen rohen Lachs verwenden.

Der restliche Rucolapesto hält sich im Kühlschrank etwa 1 Woche.

WÜRZIGES REISFLEISCH

4 Personen | 30 Minuten | leicht | scharf

50 g **Zwiebeln**
1 **Knoblauchzehe**
4 EL **Öl**
100 g **rote Peperoni** (Paprikaschoten), geschält und in Würfel geschnitten
280 g **Rundkornreis** (Arborio, Carnaroli oder Vialone Nano)
50 ml **Weißwein**
1 l **heiße Geflügelbrühe** (siehe Seite 27) oder heißes Wasser
250 g **Putenbrust** oder Schweinsfilet, geschnetzelt
1 TL **edelsüßes Paprikapulver**
Salz
Pfeffer aus der Mühle
1 **Peperoncino** (Chilischote), gerieben
1 TL **Thymian,** fein geschnitten
1 TL **Majoran,** fein geschnitten
40 g **kalte Butter**
30 g **Parmesan,** gerieben
1 EL **Majoranblätter**
2 EL **Parmesan,** geraspelt

1. Zwiebeln und Knoblauch schälen, fein schneiden und zusammen mit den gewürfelten Peperoni in 2 Esslöffeln Öl anschwitzen.
2. Den Reis zugeben und bei milder Hitze und unter ständigem Rühren glasig werden lassen.
3. Mit Weißwein ablöschen und die Flüssigkeit vollständig einkochen lassen.
4. Nach und nach mit Geflügelbrühe aufgießen, sodass der Reis immer mit Flüssigkeit bedeckt ist.
5. Unter oftmaligem Rühren etwa **18 Minuten** kochen lassen, bis der Reis bissfest, die Konsistenz aber cremig ist.
6. Das Fleisch mit Paprika, Salz und Pfeffer würzen.
7. Das restliche Öl in einer Pfanne erhitzen und das Fleisch darin etwa **2 Minuten** auf beiden Seiten anbraten.
8. Das Fleisch zum Reis geben und mit Peperoncino, Thymian und Majoran würzen.
9. Das Reisfleisch mit kalter Butter und geriebenem Parmesan verfeinern.
10. Auf Tellern anrichten und mit Majoran und fein geraspeltem Parmesan garniert servieren.

Tipps **Statt Putenbrust oder Schweinsfilet können Sie auch Kalbsfilet verwenden.**

Sie können das Reisfleisch außerdem noch mit Rosmarin und Lorbeer würzen.

Servieren Sie dazu am besten verschiedenes Gemüse oder einen Blattsalat.

RISOTTO ALLA CARBONARA

4 Personen | 30 Minuten | leicht

80 g **Zwiebeln**
2 EL **Öl**
280 g **Rundkornreis** (Arborio, Carnaroli oder Vialone Nano)
50 ml **Weißwein**
1 l **heiße Geflügelbrühe** (siehe Seite 27) oder heißes Wasser
Salz
Pfeffer aus der Mühle
60 g **Speck,** in Streifen geschnitten und geröstet
30 g **kalte Butter**
30 g **Parmesan,** gerieben
80 g **Mascarpone**
4 **Eigelb**
2 EL **Speck,** in Streifen geschnitten und geröstet
schwarzer Pfeffer aus der Mühle
1 EL **Schnittlauch,** fein geschnitten

1. Zwiebeln schälen, fein schneiden und in Öl leicht andünsten.
2. Den Reis zugeben und bei milder Hitze und unter ständigem Rühren glasig werden lassen.
3. Mit Weißwein ablöschen und die Flüssigkeit vollständig einkochen lassen.
4. Nach und nach mit Geflügelbrühe aufgießen, sodass der Reis immer mit Flüssigkeit bedeckt ist.
5. Unter oftmaligem Rühren etwa **18 Minuten** kochen lassen, bis der Risotto bissfest, die Konsistenz aber cremig ist.
6. Mit Salz und Pfeffer abschmecken.
7. Geröstete Speckstreifen, kalte Butter, Parmesan und Mascarpone unterrühren.
8. Den Risotto mit rohem Eigelb, geröstetem Speck, schwarzem Pfeffer und Schnittlauch garniert servieren.

Tipps **Sie können das Eigelb auch zusammen mit dem Mascarpone unter den Risotto rühren.**

Anstelle von Speck können Sie Rohschinken oder – ganz klassisch – Guanciale verwenden.

RISOTTO
mit Hühnerbruststreifen und Kurkuma

4 Personen 40 Minuten leicht

80 g **Zwiebeln**
2 EL **Öl**
280 g **Rundkornreis** (Arborio, Carnaroli oder Vialone Nano)
50 ml **Weißwein**
1 l **heiße Geflügelbrühe** (siehe Seite 27) oder heißes Wasser
250 g **Hühnerbrust,** in Streifen geschnitten
1 EL **Kurkuma**
Salz
Pfeffer aus der Mühle
30 ml **Öl zum Braten**
120 g **Datteltomaten,** halbiert
40 g **kalte Butter**
30 g **Parmesan,** gerieben
1 EL **Petersilienblätter** zum Garnieren

1. Zwiebeln schälen, fein schneiden und in Öl leicht andünsten.
2. Den Reis zugeben und bei milder Hitze und unter ständigem Rühren glasig werden lassen.
3. Mit Weißwein ablöschen und die Flüssigkeit vollständig einkochen lassen.
4. Nach und nach mit Geflügelbrühe aufgießen, sodass der Reis immer mit Flüssigkeit bedeckt ist.
5. Unter oftmaligem Rühren etwa **18 Minuten** kochen lassen, bis der Risotto bissfest, seine Konsistenz aber cremig ist.
6. Die Hühnerbruststreifen mit Kurkuma, Salz und Pfeffer würzen und im heißen Öl etwa **5 Minuten** braten.
7. Den Risotto mit Salz und Pfeffer abschmecken und die gebratenen Hühnerbruststreifen, halbierten Datteltomaten und Oliven unterrühren.
8. Mit kalter Butter und Parmesan verfeinern.
9. Den Risotto auf Teller verteilen und mit Petersilienblättern garniert servieren.

Tipps **Anstelle von Hühnerbrust können Sie Kalbs- oder Schweinsfilet verwenden.**

Wer den Risotto etwas feiner mag, kann etwas flüssige oder geschlagene Sahne zufügen.

ZIEGENKÄSERISOTTO mit Lammrückenfilet

4 Personen | 40 Minuten | mittelschwer

Risotto

80 g **Zwiebeln**
1 **Knoblauchzehe**
2 EL **Öl**
280 g **Rundkornreis** (Arborio, Carnaroli oder Vialone Nano)
20 ml **weißer Balsamicoessig** oder Apfelessig
1 l **heiße Geflügelbrühe** (siehe Seite 27) oder heißes Wasser
Salz
Pfeffer aus der Mühle
50 g **kalte Butter**
150 g **Ziegenfrischkäse** oder Frischkäse
30 g **Parmesan,** gerieben

Lammrückenfilet

200 g **Lammrückenfilets**
Salz
50 ml **Öl**
2 EL **Senf**
3 EL **Petersilie,** fein geschnitten

Weiteres

1 TL **Salzblüte** (Fleur de Sel)
4 EL **frittierte Petersilienblätter** (siehe Tipp)
1 EL **Parmesanspäne** zum Garnieren

Risotto

1. Zwiebeln und Knoblauch schälen, fein schneiden und in Öl leicht andünsten.
2. Den Reis zufügen und bei milder Hitze und unter ständigem Rühren glasig werden lassen.
3. Mit weißem Balsamicoessig ablöschen und die Flüssigkeit vollständig einkochen lassen.
4. Nach und nach mit Geflügelbrühe aufgießen, sodass der Reis immer mit Flüssigkeit bedeckt ist.
5. Unter oftmaligem Rühren etwa **18 Minuten** kochen lassen, bis der Risotto bissfest, seine Konsistenz aber cremig ist.
6. Mit Salz und Pfeffer abschmecken und mit kalter Butter, Ziegenfrischkäse und Parmesan verfeinern.

Lammrückenfilet

7. Die Lammrückenfilets salzen und im heißen Öl **4 Minuten** braten. Das Fleisch wenden und in weiteren **4 Minuten** fertig braten.
8. Die Filets mit etwas Senf bestreichen und in Petersilie wälzen.

Fertigstellung

9. Die Lammrückenfilets in Scheiben schneiden. Den Risotto auf Teller verteilen und das Fleisch darauf anrichten.
10. Mit Salzblüte bestreuen und mit frittierten Petersilienblättern und Parmesanspänen garniert servieren.

Tipps **Anstelle von Lamm können Sie Rehrückenfilets verwenden.**

Sie können den Risotto auch mit geschmorten Kalbswangen servieren.

Frittieren Sie die gut abgetrockneten Petersilienblätter etwa 1 Minute im 170 Grad heißen Fett.

RISOTTO
mit Salsiccia und Salbei

4 Personen | 40 Minuten | leicht

Risotto
150 g **weiße Zwiebeln**
2 EL **Öl**
280 g **Rundkornreis** (Arborio, Carnaroli oder Vialone Nano)
2 EL **Apfelessig**
50 ml **Apfelsaft**
1 l **heiße Geflügelbrühe** (siehe Seite 27) oder heißes Wasser
Salz
Pfeffer aus der Mühle
50 g **kalte Butter**
30 g **Pecorino** (Schafsmilchkäse), gerieben

Salsiccia
300 g **Salsiccia**
2 EL **Butter** zum Braten
8 kleine **Salbeiblätter,** gebraten, zum Garnieren

Risotto

1. Zwiebeln schälen, in feine Streifen schneiden und etwa **6 Minuten** in Öl andünsten.
2. Den Reis zugeben und bei milder Hitze und unter ständigem Rühren glasig werden lassen.
3. Mit Apfelessig und Apfelsaft ablöschen und die Flüssigkeit vollständig einkochen lassen.
4. Nach und nach mit Geflügelbrühe aufgießen, sodass der Reis immer mit Flüssigkeit bedeckt ist.
5. Unter oftmaligem Rühren etwa **18 Minuten** kochen lassen, bis der Risotto bissfest, die Konsistenz aber cremig ist.
6. Mit Salz und Pfeffer abschmecken und mit kalter Butter und Pecorino verfeinern.

Salsiccia

7. Die Salsiccia in 1 cm große Stücke schneiden und etwa **3 Minuten** in Butter braten. Salbei dazugeben und kurz mitbraten.

Fertigstellung

8. Salsiccia unter den Risotto rühren.
9. Den Risotto auf Tellern anrichten und mit etwas Salbeibutter (vom Braten der Würstchen) und den gebratenen Salbeiblättern garniert servieren.

Tipp **Sie können anstelle von Salsiccia auch Rostbratwürste verwenden.**

RISOTTO ALLA MILANESE
mit Ossobuco

4 Personen | 1½ Stunden | mittelschwer

Ossobuco

600 g **Ossobuco** (Kalbsstelzenscheiben)
Salz
Pfeffer aus der Mühle
50 ml **Öl**
50 ml **Weißwein**
200 g **Wurzelgemüse** (Zwiebeln, Karotten und Stangensellerie), in kleine Würfel geschnitten
150 g **Ochsenherz-Tomaten,** in Würfel geschnitten
1 l **Geflügelbrühe** (siehe Seite 27)
1 **Kräuterstrauß** (1 Rosmarin- und 1 Thymianzweig, 1 Salbei- und 1 Petersilienstängel)
1 TL **Speisestärke**
2 EL **kalte Butter**
1 **Knoblauchzehe,** fein gehackt
1 Msp. **Zitronenschale,** gerieben
1 EL **Petersilie,** fein geschnitten

Risotto

Safranrisotto (siehe Seite 182)

Weiteres

Kerbel zum Garnieren
Parmesanspäne zum Garnieren

Ossobuco

1. Ossobuco mit Salz und Pfeffer würzen und in Öl anbraten. Das Öl abgießen und mit Weißwein ablöschen.
2. Wurzelgemüse, Tomaten und Geflügelbrühe dazugeben und aufkochen lassen. Kräuterbündel zufügen und mit geschlossenem Deckel im vorgeheizten Backofen bei etwa **160 Grad** etwa **1½ Stunden** weich schmoren.
3. Die Sauce durch ein Sieb passieren und mit in Wasser angerührter Speisestärke binden.
4. Mit kalter Butter, Knoblauch, Zitronenschale und Petersilie verfeinern.

Risotto

5. Das Safranrisotto nach dem Rezept auf Seite 182 zubereiten.

Fertigstellung

6. Den Safranrisotto auf Teller geben und Ossobuco-Stücke darauf anrichten. Mit Kerbel und Parmesanspänen garniert servieren.

Tipp **Anstelle von Ossobuco können Sie auch Kalbswangen verwenden.**

RISOTTO
mit Rohschinken

4 Personen · 30 Minuten · leicht

80 g **Zwiebeln**
2 EL **Öl**
280 g **Rundkornreis** (Arborio, Carnaroli oder Vialone Nano)
50 ml **Weißwein**
1 l **heiße Gemüsebrühe** (siehe Seite 26) oder heißes Wasser
100 g **Rohschinken,** in Scheiben geschnitten
1 EL **Thymian**
Salz
Pfeffer aus der Mühle
40 g **kalte Butter**
80 g **Taleggio,** in Stücke geschnitten
1 EL **Bohnenkrautspitzen** zum Garnieren

1. Zwiebeln schälen, fein schneiden und in Öl leicht andünsten.
2. Den Reis zufügen und bei milder Hitze und unter ständigem Rühren glasig werden lassen.
3. Mit Weißwein ablöschen und die Flüssigkeit vollständig einkochen lassen.
4. Nach und nach mit Gemüsebrühe aufgießen, sodass der Reis immer mit Flüssigkeit bedeckt ist.
5. Unter oftmaligem Rühren etwa **18 Minuten** kochen lassen, bis der Risotto bissfest, die Konsistenz aber cremig ist.
6. Rohschinken mit Thymian in einer Pfanne ohne Fett bei nicht zu großer Hitze etwa **2 Minuten** braten bzw. trocknen, bis die Schinkenscheiben knusprig sind. Den Schinken grob zerkleinern.
7. Den Risotto mit Salz und Pfeffer abschmecken, den Schinken unterrühren und mit kalter Butter und Taleggio verfeinern.
8. Auf Tellern anrichten und mit Bohnenkraut garniert servieren.

Tipps **Die Gemüsebrühe können Sie auch durch Geflügelbrühe (siehe Seite 27) ersetzen.**

Anstelle von Rohschinken können Sie Speck, Soppressa oder Salame Felino verwenden.

RISOTTO
mit Kalbsleber und Kräutern

4 Personen | 40 Minuten | mittelschwer

80 g **Zwiebeln**
2 EL **Öl**
280 g **Rundkornreis** (Arborio, Carnaroli oder Vialone Nano)
50 ml **Weißwein**
1 l **heiße Geflügelbrühe** (siehe Seite 27) oder heißes Wasser
250 g **Kalbsleber**
2 **Salbeiblätter**
30 g **Butter** oder Öl
Salz
Pfeffer aus der Mühle
40 g **kalte Butter**
30 g **Parmesan,** gerieben
4 EL **Kalbssauce** (siehe Seite 29)
2 EL **Kräuter** (Kerbel, Majoran, Thymian) zum Garnieren

1. Zwiebeln schälen, fein schneiden und in Öl leicht andünsten.
2. Den Reis zufügen und bei milder Hitze und unter ständigem Rühren glasig werden lassen.
3. Mit Weißwein ablöschen und die Flüssigkeit vollständig einkochen.
4. Nach und nach mit Geflügelbrühe aufgießen, sodass der Reis immer mit Flüssigkeit bedeckt ist.
5. Unter oftmaligem Rühren etwa **18 Minuten** kochen lassen, bis der Risotto bissfest, die Konsistenz aber cremig ist.
6. Die Kalbsleber in Stücke schneiden und mit den Salbeiblättern etwa **2 Minuten** in Butter anbraten. Mit Salz und Pfeffer würzen.
7. Den Risotto mit Salz und Pfeffer abschmecken und die Kalbsleber unterrühren. Mit kalter Butter und Parmesan verfeinern.
8. Den Risotto auf Tellern anrichten und mit Kalbssauce und Kräutern garniert servieren.

Tipps **Sie können die Kalbsleber auch durch Hühnerleber ersetzen.**

Anstelle von Geflügelbrühe können Sie Gemüsebrühe (siehe Seite 26) verwenden.

Die Kalbssauce kann durch Balsamicoessig ersetzt werden.

GEWÜRZRISOTTO mit Wildragout

4 Personen | 1½ Stunden | mittelschwer

Wildragout

40 g **Zwiebeln**
20 g **Karotten**
20 g **Sellerie**
20 ml **Öl**
400 g **Wildfleisch** (Reh oder Hirsch)
½ EL **Tomatenmark**
125 ml **dunkler kräftiger Rotwein**
250 ml **heiße Geflügelbrühe** (siehe Seite 27) oder heißes Wasser
1 **Rosmarinzweig**
1 **Thymianzweig**
1 **Salbeiblatt**
½ **Knoblauchzehe,** fein gehackt
3 **Wacholderbeeren,** zerdrückt
Salz
Pfeffer aus der Mühle

Weiteres

Parmesanrisotto (siehe Seite 118)
1 EL **Ringelblumenblüten,** gezupft
1 TL **Wacholderbeeren,** fein gehackt
1 EL **Thymian,** gezupft

Wildragout

1. Zwiebeln, Karotten und Sellerie waschen, schälen und in kleine Würfel schneiden. In Öl etwa **4 Minuten** anschwitzen.
2. Wildfleisch in 1,5 cm große Würfel schneiden, zum Wurzelgemüse geben und etwa **10 Minuten** mitdünsten lassen, bis die Flüssigkeit verdampft ist.
3. Das Tomatenmark dazugeben, mitrösten und nach und nach mit Rotwein ablöschen.
4. Mit Geflügelbrühe aufgießen und das Ragout bei schwacher Hitze etwa **40 Minuten** köcheln lassen.
5. Kurz vor Ende der Garzeit Rosmarin, Thymian, Salbei, Knoblauch und Wacholderbeeren dazugeben. Mit Salz und Pfeffer würzen und noch etwa **10 Minuten** weiterköcheln lassen.

Fertigstellung

6. Den Parmesanrisotto nach dem Rezept auf Seite 118 zubereiten.
7. Den Risotto auf Teller geben und das Wildragout darauf anrichten.
8. Mit Ringelblumen, gehackten Wacholderbeeren und Thymian garniert servieren.

Tipps **Anstelle von Geflügelbrühe können Sie auch Gemüsebrühe (siehe Seite 26) verwenden.**

Zum Verfeinern des Risottos können Sie zum Schluss etwas Ziegenjoghurt unterrühren.

KASTANIENRISOTTO mit geräucherter Entenbrust

4 Personen | 50 Minuten | leicht

80 g **Zwiebeln**
2 EL **Öl**
280 g **Rundkornreis** (Arborio, Carnaroli oder Vialone Nano)
50 ml **Weißwein**
1 l **heiße Gemüsebrühe** (siehe Seite 26) oder heißes Wasser
1 Msp. **Zimt**
1 **Peperoncino** (Chilischote), gerieben
Salz
Pfeffer aus der Mühle
120 g **Kastanien** (Marroni), gekocht und in Stücke gebrochen
40 g **kalte Butter**
30 g **Parmesan,** gerieben
120 g **geräucherte Entenbrust,** in Scheiben geschnitten
20 g **Feldsalat** zum Garnieren
Salzblüte (Fleur de Sel) zum Garnieren

1. Zwiebeln schälen, fein schneiden und in Öl leicht andünsten.
2. Den Reis zugeben und bei milder Hitze und unter ständigem Rühren glasig werden lassen.
3. Mit Weißwein ablöschen und die Flüssigkeit vollständig einkochen lassen.
4. Nach und nach mit Gemüsebrühe aufgießen, sodass der Reis immer mit Flüssigkeit bedeckt ist.
5. Unter oftmaligem Rühren etwa **18 Minuten** kochen lassen, bis der Risotto bissfest, die Konsistenz aber cremig ist.
6. Mit Zimt, Peperoncino, Salz und Pfeffer abschmecken und die gekochten Kastanien unterrühren.
7. Mit kalter Butter und Parmesan verfeinern.
8. Den Risotto auf Tellern anrichten, mit der geräucherten Entenbrust belegen und mit Feldsalat und Salzblüte garniert servieren.

Tipps **Sie können die geräucherte Entenbrust auch durch gebratene Enten- oder Gänsebrust ersetzen.**

Anstelle von Gemüsebrühe können Sie Geflügelbrühe (siehe Seite 27) verwenden.

SCHÜTTELBROTRISOTTO mit Bauchspeck

4 Personen | 40 Minuten | leicht

80 g **Zwiebeln**
2 EL **Öl**
280 g **Rundkornreis** (Arborio, Carnaroli oder Vialone Nano)
50 ml **Weißwein**
1 l **heiße Gemüsebrühe** (siehe Seite 26) oder heißes Wasser
Salz
Pfeffer aus der Mühle
40 g **kalte Butter**
30 g **Parmesan,** gerieben
60 g **Bauchspeck,** in kleine Würfel geschnitten und geröstet
50 g **Schüttelbrot,** grob zerkleinert, in Butter und Thymian geröstet
Thymian zum Garnieren

1. Zwiebeln schälen, fein schneiden und in Öl leicht andünsten.
2. Den Reis zufügen und bei milder Hitze und unter ständigem Rühren glasig werden lassen.
3. Mit Weißwein ablöschen und die Flüssigkeit vollständig einkochen lassen.
4. Nach und nach mit Gemüsebrühe aufgießen, sodass der Reis immer mit Flüssigkeit bedeckt ist.
5. Unter oftmaligem Rühren etwa **18 Minuten** kochen lassen, bis der Risotto bissfest, die Konsistenz aber cremig ist.
6. Mit Salz und Pfeffer abschmecken und mit kalter Butter und Parmesan verfeinern.
7. Den Risotto auf Tellern anrichten und mit gerösteten Bauchspeckwürfeln, Schüttelbrot und Thymian garniert servieren.

Tipps **Anstelle von Gemüsebrühe können Sie auch Geflügelbrühe (siehe Seite 27) verwenden.**

Den Bauchspeck können Sie durch Kaminwurzen ersetzen.

RISOTTO ALL'AMATRICIANA

4 Personen | 40 Minuten | leicht | scharf

Risotto

200 g **Zwiebeln**
2 EL **Öl**
280 g **Rundkornreis** (Arborio, Carnaroli oder Vialone Nano)
1 l **heiße Tomatenbrühe** (siehe Seite 28) oder heißes Wasser
1 **Peperoncino** (Chilischote), fein gerieben
Salz
Pfeffer aus der Mühle
120 g **getrocknete** oder **frische Datteltomaten,** halbiert
40 g **kaltes Olivenöl**
30 g **Parmesan,** gerieben

Gebackene Zwiebelringe

40 g **Zwiebeln**
Mehl zum Bestauben
Backfett
Salz

Weiteres

1 EL **Petersilie,** fein geschnitten
80 g **Bauchspeck,** in Streifen geschnitten und geröstet
2 EL **Basilikumblätter** zum Garnieren

Risotto

1. Zwiebeln schälen, in feine Streifen schneiden und in Öl etwa **10 Minuten** langsam schmoren.
2. Den Reis zufügen und bei milder Hitze und unter ständigem Rühren glasig werden lassen.
3. Nach und nach mit Tomatenbrühe aufgießen, sodass der Reis immer mit Flüssigkeit bedeckt ist.
4. Unter oftmaligem Rühren etwa **18 Minuten** kochen lassen, bis der Risotto bissfest, die Konsistenz aber cremig ist.
5. Mit Peperoncino, Salz und Pfeffer abschmecken und die Datteltomaten unterrühren.
6. Den Risotto mit kaltem Olivenöl und Parmesan verfeinern.

Gebackene Zwiebelringe

7. Zwiebel schälen, in nicht zu dünne Scheiben schneiden, sodass große Ringe entstehen, mit Mehl bestauben und etwas abklopfen.
8. Zwiebelringe in heißem Backfett goldgelb backen, auf Küchenkrepp abtropfen lassen und leicht salzen.

Fertigstellung

9. Den Risotto auf Tellern anrichten und mit Petersilie, gerösteten Speckstreifen, gebackenen Zwiebelringen und Basilikum garniert servieren.

Tipp **Anstelle von Bauchspeck können Sie auch Rohschinken oder Lardo verwenden.**

164

166

168

170

172

174

176

178

180

182

184

186

188

Fisch & Meeresfrüchte

RISOTTO mit Meeresfrüchten

4 Personen | 50 Minuten | mittelschwer | scharf

1 kg **Muscheln** (Mies- und Venusmuscheln)
2 EL **Öl**
130 ml **Weißwein**
4 **Garnelen**
100 g **Lachsfilet**
100 g **Kalmar,** geputzt
4 **Jakobsmuscheln,** geputzt
50 g **Zwiebeln**
30 ml **Olivenöl**
240 g **Rundkornreis** (Arborio, Vialone Nano oder Carnaroli)
1 l **heiße Gemüsebrühe** (siehe Seite 26) oder heißes Wasser
½ TL **Curry**
1 **Peperoncino** (Chilischote), gerieben
Salz
100 g **Tomaten,** geschält und in Würfel geschnitten
1 **Knoblauchzehe,** fein gehackt
Dill zum Garnieren

1. Muscheln waschen, putzen und in einem zugedeckten Kochtopf mit Öl erhitzen.
2. Mit 80 ml Weißwein ablöschen und etwa **4 Minuten** garen, bis alle Muscheln geöffnet sind. Den Muschelfond abseihen und bereitstellen.
3. Garnelen vom Panzer und Darm befreien und der Länge nach halbieren.
4. Lachsfilet in Stücke und den Kalmar in breite Streifen schneiden.
5. Zwiebeln schälen und in Olivenöl andünsten.
6. Den Reis dazugeben und unter Rühren glasig werden lassen. Mit 50 ml Weißwein ablöschen und mit einem Teil der heißen Gemüsebrühe sowie dem Muschelfond aufgießen.
7. Mit Curry, Peperoncino und Salz würzen.
8. Nach und nach mit Gemüsebrühe aufgießen, sodass der Reis immer mit Flüssigkeit bedeckt ist.
9. Unter ständigem Rühren etwa **18 Minuten** kochen lassen.
10. Lachs, Garnelen, Kalmar und Jakobsmuscheln mit Salz würzen und in einer Pfanne etwa **3 Minuten** anbraten. Zusammen mit Tomaten und Knoblauch zum Risotto geben.
11. Die Muscheln zum Teil aus den Schalen brechen und ebenfalls dazugeben.
12. Den Risotto auf Tellern anrichten und mit Dill garniert servieren.

Tipp **Anstelle von Lachs können Sie Steinbutt, Rotbarbe und Seeteufel, aber auch Oktopus verwenden.**

RISOTTO
mit geschmortem Oktopus

4 Personen | 1½ Stunden | mittelschwer

Geschmorter Oktopus

100 g **Zwiebeln,** fein geschnitten
1 **Knoblauchzehe,** fein gehackt
60 ml **Olivenöl**
800 g **Oktopus,** küchenfertig
150 ml **Weißwein**
1 l **heiße Gemüsebrühe** (siehe Seite 26) oder heißes Wasser
200 g **Tomaten,** in Stücke geschnitten
Salz
1 **Lorbeerblatt**
1 **Rosmarinzweig**
1 **Thymianzweig**
1 EL **Petersilie,** fein geschnitten

Risotto

Parmesanrisotto (siehe Seite 118)

Weiteres

2 EL **Petersilie,** fein geschnitten, zum Garnieren

Geschmorter Oktopus

1. Zwiebeln und Knoblauch in Olivenöl etwa **2 Minuten** andünsten.
2. Den Oktopus dazugeben und mit Weißwein und Gemüsebrühe aufgießen. Die Tomaten zufügen und mit Salz, Lorbeer, Rosmarin und Thymian würzen.
3. Zugedeckt etwa **1 Stunde** schmoren lassen.
4. Wenn der Oktopus weich ist, aus der Sauce nehmen, von den Tentakeln befreien und in Stücke schneiden. Die Sauce eventuell durch ein Sieb passieren und den Oktopus wieder hineingeben. Mit Petersilie verfeinern.

Risotto

5. Den Parmesanrisotto nach dem Rezept auf Seite 118 zubereiten und den geschmorten Oktopus dazugeben.

Fertigstellung

6. Den Risotto auf Tellern anrichten und mit Petersilie garniert servieren.

Tipp **Anstelle von Oktopus können Sie auch Sepia (Tintenfische) verwenden.**

CHAMPAGNERRISOTTO
mit Austern und Maracuja

4 Personen | 40 Minuten | leicht

60 g **Schalotten**
2 EL **Olivenöl**
280 g **Rundkornreis** (Arborio, Carnaroli oder Vialone Nano)
300 ml **Champagner** oder Sekt
700 ml **heiße Gemüsebrühe** (siehe Seite 26) oder heißes Wasser
Salz
Pfeffer aus der Mühle
60 g **kalte Butter**
50 g **Parmesan,** gerieben
12 **Austern**
4 EL **Maracujasaft** oder Orangensaft
Austernkraut zum Garnieren

1. Schalotten schälen, fein schneiden und in Olivenöl leicht andünsten.
2. Den Reis zugeben und bei milder Hitze und unter ständigem Rühren glasig werden lassen.
3. Mit 100 ml Champagner ablöschen und die Flüssigkeit vollständig einkochen lassen.
4. Nach und nach mit Gemüsebrühe aufgießen, sodass der Reis immer mit Flüssigkeit bedeckt ist.
5. Unter oftmaligem Rühren etwa **18 Minuten** kochen lassen, bis der Risotto bissfest, die Konsistenz aber cremig ist.
6. Den Risotto mit Salz und Pfeffer abschmecken und mit kalter Butter, Parmesan und 200 ml Champagner verfeinern.
7. Die Austern waschen, öffnen und aus der Schale lösen.
8. Den Risotto auf Teller geben und die Austern darauf anrichten. Mit etwas Maracujasaft beträufeln und mit Austernkraut garniert servieren.

Tipp **Sie können die Austern auch durch rohen Thunfisch oder Lachs ersetzen.**

ZITRONENRISOTTO mit Calamaretti

4 Personen | 50 Minuten | mittelschwer

Zitronenconfit

150 ml **Orangensaft**
300 ml **Zitronensaft**
1 **Peperoncino** (Chilischote)
¼ **Vanilleschote**
1 kleines Stück **Zimtstange**
1 Msp. **Meersalz**
4 **Zitronen** oder Yuzu-Zitronen

Risotto

50 g **Zwiebeln**
2 EL **Olivenöl**
250 g **Rundkornreis** (Arborio, Vialone Nano oder Carnaroli)
125 ml **Weißwein**
1 l **heiße Gemüsebrühe** (siehe Seite 26) oder heißes Wasser
Salz
50 g **Zitronenconfit**
1 EL **Zitronensaft**
2 EL **kalte Butter**
2 EL **Ochsenherz-Tomaten,** gebraten und fein gehackt
2 EL **Parmesan**

Weiteres

300 g **Calamaretti,** küchenfertig
Salz
30 ml **Olivenöl**
2 EL **Sauerrahm**
Basilikumblätter zum Garnieren

Zitronenconfit

1. Orangen- und Zitronensaft mit Peperoncino, Vanilleschote, Zimtstange und Meersalz aufkochen.
2. Die Zitronen waschen, achteln und zur Orangensaftreduktion geben.
3. Alles aufkochen und in ein Einweckglas füllen. Gut verschließen und im Wasserbad oder im Dampfgarer bei **90 Grad** etwa **45 Minuten** garen.
4. An einem kühlen, dunklen Ort **6 Wochen** reifen lassen.

Risotto

5. Zwiebeln schälen, fein schneiden und in Olivenöl andünsten.
6. Den Reis dazugeben und unter Rühren glasig werden lassen.
7. Mit Weißwein ablöschen und mit einem Teil der heißen Gemüsebrühe aufgießen. Salzen.
8. Nach und nach mit Gemüsebrühe aufgießen, sodass der Reis immer mit Flüssigkeit bedeckt ist.
9. Unter oftmaligem Rühren etwa **18 Minuten** kochen.
10. Das Zitronenconfit fein hacken und zusammen mit Zitronensaft unter den Risotto rühren.
11. Mit kalter Butter, Tomaten und Parmesan verfeinern.

Fertigstellung

12. Die Calamaretti in breite Ringe schneiden, die Köpfe ganz lassen.
13. Salzen und in Olivenöl kurz anbraten.
14. Den Risotto auf Teller geben und die Calamaretti darauf anrichten. Mit Sauerrahm und Basilikumblättern garniert servieren.

Tipps **Anstelle von Zitronenconfit können Sie Zitronenfilets verwenden.**

Das Zitronenconfit eignet sich auch für Saucen, Käse, Nudel- oder Fischgerichte.

RISOTTO
mit Garnelen und Blumenkohl

4 Personen | 50 Minuten | mittelschwer

Risotto

40 g **Schalotten** oder Zwiebeln
1 EL **Butter**
280 g **Rundkornreis** (Arborio, Vialone Nano oder Carnaroli)
125 ml **Weißwein**
1 l **heiße Gemüsebrühe** (siehe Seite 26) oder heißes Wasser
Salz
Pfeffer aus der Mühle
100 g **Blumenkohlröschen,** gekocht
40 g **Parmesan,** gerieben
40 ml **kaltes Olivenöl**

Garnelen

200 g **Garnelenschwänze**
Salz
2 EL **Olivenöl**

Weiteres

50 g **violette Blumenkohlröschen,** fein gehackt
Kerbelzweige zum Garnieren

Risotto

1. Schalotten schälen, in kleine Würfel schneiden und in Butter andünsten.
2. Den Reis dazugeben und unter ständigem Rühren glasig werden lassen.
3. Mit Weißwein ablöschen und nach und nach mit Gemüsebrühe aufgießen, sodass der Reis immer mit Flüssigkeit bedeckt ist.
4. Unter oftmaligem Rühren etwa **18 Minuten** kochen lassen.
5. Den Risotto salzen, pfeffern und mit Blumenkohlröschen, Parmesan und kaltem Olivenöl verfeinern.

Garnelen

6. Die Garnelen von Schale und Darm befreien, waschen, trocken tupfen und auf Holzspieße stecken.
7. Salzen und in Olivenöl etwa **3 Minuten** braten.

Fertigstellung

8. Den Risotto auf Tellern anrichten und die gebratenen Garnelenspieße daraufsetzen.
9. Mit violettem Blumenkohl und Kerbel garniert servieren.

Tipps **Sie können die Garnelen vor dem Braten mit Lardo oder Bauchspeck umwickeln.**

Der Risotto kann noch mit frisch gezupften Kräutern, z. B. Thymian oder Majoran, verfeinert werden.

RISOTTO
mit Gewürz-Makrelen

4 Personen | 50 Minuten | mittelschwer

Gewürz-Makrelen

400 g **Makrelenfilets** (4 kleine Filets)
Salz
Pfeffer aus der Mühle
½ TL **Koriandersamen,** zerdrückt
½ TL **Fenchelsamen,** zerdrückt
½ TL **Ingwer,** fein gerieben
2 EL **Olivenöl**

Risotto

80 g **Zwiebeln**
1 **Knoblauchzehe**
1 Stängel **Zitronengras,** halbiert
2 EL **Öl**
250 g **Rundkornreis** (Arborio, Carnaroli oder Vialone Nano)
50 ml **Weißwein**
1 l **heiße Gemüsebrühe** (siehe Seite 26) oder heißes Wasser
Salz
Pfeffer aus der Mühle
40 g **kalte Butter**
30 g **Parmesan,** gerieben
1 EL **Petersilie,** fein geschnitten

Weiteres

Salzblüte (Fleur de Sel)
4 Stängel **Zitronengras,** gebraten, zum Garnieren
Kerbelblätter zum Servieren
2 EL **Olivenöl**

Gewürz-Makrelen

1. Die Makrelenfilets mit Salz und Pfeffer würzen.
2. Koriander, Fenchel und Ingwer vermischen und die Makrelenfilets damit auf beiden Seiten bestreuen.
3. In Olivenöl auf beiden Seiten etwa **4 Minuten** braten. Bereitstellen.

Risotto

4. Zwiebeln und Knoblauch schälen, fein schneiden und mit Zitronengras in Öl leicht andünsten.
5. Den Reis zugeben und bei milder Hitze und unter ständigem Rühren glasig werden lassen.
6. Mit Weißwein ablöschen und die Flüssigkeit vollständig einkochen lassen.
7. Nach und nach mit Gemüsebrühe aufgießen, sodass der Reis immer mit Flüssigkeit bedeckt ist.
8. Unter oftmaligem Rühren etwa **18 Minuten** kochen lassen, bis der Risotto bissfest, die Konsistenz aber cremig ist.
9. Zitronengras entfernen und den Risotto mit Salz und Pfeffer abschmecken.
10. Mit kalter Butter, Parmesan und Petersilie verfeinern.

Fertigstellung

11. Den Risotto auf Teller geben. Die Makrelenfilets mit Salzblüte bestreuen und auf dem Risotto anrichten.
12. Mit Zitronengras, Kerbel und Olivenöl garniert servieren.

Tipp **Anstelle von Makrelen eignen sich auch Saibling, Forelle, Wolfsbarsch oder Knurrhahn.**

SCHWARZER RISOTTO
mit gebratenem Tintenfisch

4 Personen | 50 Minuten | mittelschwer

Risotto
50 g **Zwiebeln**
30 ml **Olivenöl**
250 g **Rundkornreis** (Arborio, Vialone Nano oder Carnaroli)
125 ml **Weißwein**
1 l **heiße Gemüsebrühe** (siehe Seite 26) oder heißes Wasser
Salz
1 Pkg. **Sepia-Tinte**
2 EL **kalte Butter**
2 EL **Parmesan**

Tintenfische
300 g **kleine Tintenfische,** küchenfertig
Salz
Pfeffer aus der Mühle
Öl zum **Braten**
1 EL **Petersilie,** geschnitten
½ **Knoblauchzehe,** gehackt

Weiteres
Kerbel zum Garnieren
4 EL **Kräuteröl** (siehe Seite 92)

Risotto

1. Zwiebeln schälen, fein schneiden und in Olivenöl andünsten.
2. Den Reis dazugeben und unter Rühren glasig werden lassen.
3. Mit Weißwein ablöschen und mit einem Teil der heißen Gemüsebrühe aufgießen. Salzen.
4. Nach und nach mit der restlichen Gemüsebrühe aufgießen, sodass der Reis immer mit Flüssigkeit bedeckt ist.
5. Unter oftmaligem Rühren etwa **18 Minuten** kochen lassen.
6. Die Sepia-Tinte unter den Risotto rühren und mit kalter Butter und Parmesan verfeinern.

Tintenfische

7. Die Tintenfische in breite Streifen schneiden und die Fangarme so abschneiden, dass sie noch zusammenhängen.
8. Alles mit Salz und Pfeffer würzen und in einer Pfanne mit Öl etwa **2 Minuten** braten.
9. Mit Petersilie und Knoblauch würzen.

Fertigstellung

10. Den Risotto auf Teller geben und mit den gebratenen Tintenfischen anrichten. Mit Kerbel und Kräuteröl garniert servieren.

Tipps **Sie können anstelle von Tintenfisch auch Garnelen verwenden.**

Der Risotto kann noch mit frisch gezupften Kräutern, z. B. Basilikum, Thymian oder Majoran, verfeinert werden.

ROTER RISOTTO mit Stockfisch-Gröstl

4 Personen | 1½ Stunden | leicht

Risotto

280 g **roter Reis**
80 g **Zwiebeln**
1 **Knoblauchzehe**
2 EL **Öl**
1,2 l **heiße Gemüsebrühe** (siehe Seite 26) oder heißes Wasser
Salz
Pfeffer aus der Mühle
50 g **kalte Butter**
1 EL **Ingwer,** fein gerieben

Stockfisch-Gröstl

400 g **Stockfisch,** gewässert
1 **Lorbeerblatt**
½ **Zwiebel,** grob geschnitten
200 g **Kartoffeln,** gekocht und in Würfel geschnitten
1 EL **Butter**
100 ml **Sahne**
Pfeffer aus der Mühle
1 TL **Majoran,** fein geschnitten

Weiteres

50 g **gebackene Zwiebelringe** (siehe Seite 160)
Majoran und **Pimpinelle** zum Garnieren

Risotto

1. Roten Reis waschen und **1 Stunde** in lauwarmem Wasser einweichen. Abseihen.
2. Zwiebeln schälen, fein schneiden und mit Knoblauch in Öl leicht andünsten.
3. Den Reis zugeben und bei milder Hitze und unter ständigem Rühren glasig werden lassen.
4. Nach und nach mit Gemüsebrühe aufgießen, sodass der Reis immer mit Flüssigkeit bedeckt ist.
5. Unter oftmaligem Rühren etwa **18 Minuten** kochen lassen.
6. Mit Salz und Pfeffer abschmecken und mit kalter Butter und Ingwer verfeinern.

Stockfisch-Gröstl

7. Den gewässerten Stockfisch mit Lorbeer und Zwiebelwürfeln etwa **40 Minuten** in reichlich Wasser kochen.
8. Den Stockfisch herausnehmen und in 2 cm große Stücke zerpflücken oder schneiden.
9. Kartoffelwürfel in Butter auf allen Seiten etwa **3 Minuten** braten.
10. Stockfisch und Sahne dazugeben. Mit Pfeffer und Majoran würzen und **3 Minuten** einkochen lassen.

Fertigstellung

11. Den Risotto auf Teller geben und das Stockfisch-Gröstl darauf anrichten.
12. Mit gebackenen Zwiebeln, Majoran und Pimpinelle garniert servieren.

Tipps **Anstelle von Stockfisch können Sie frischen Kabeljau verwenden.**

Zu diesem Risotto passt auch ein gebratenes Lachsfilet.

VENERERISOTTO mit Chicorée und Jakobsmuscheln

4 Personen | 50 Minuten | mittelschwer

Honig-Chicorée
1 **Chicorée**
1 EL **Honig**
1 EL **Butter**
Salz
1 TL **Sesam**

Risotto
200 g **Venere-Reis**
80 g **Zwiebeln**
1 **Knoblauchzehe**
2 EL **Öl**
50 ml **Weißwein**
1,2 l **heiße Gemüsebrühe** (siehe Seite 26) oder heißes Wasser
Salz
Pfeffer aus der Mühle
30 g **kalte Butter**
50 g **Mascarpone**
20 g **Parmesan,** gerieben

Weiteres
8 **Jakobsmuscheln,** küchenfertig
1 EL **Olivenöl**
1 TL **Salzblüte** (Fleur de Sel)
Kümmelkraut oder Petersilie zum Garnieren

Honig-Chicorée

1. Chicorée putzen, vierteln und **6 Minuten** in Salzwasser kochen.
2. Honig und Butter schmelzen lassen. Chicorée dazugeben, salzen und mit Sesam bestreuen.
3. Zugedeckt etwa **10 Minuten** dünsten.

Risotto

4. Den Venere-Reis waschen und **1 Stunde** in lauwarmem Wasser einweichen. Abseihen.
5. Zwiebeln und Knoblauch schälen, fein schneiden und in Öl andünsten.
6. Den Reis zugeben und bei milder Hitze und unter ständigem Rühren glasig werden lassen.
7. Mit Weißwein ablöschen und die Flüssigkeit vollständig einkochen.
8. Nach und nach mit Gemüsebrühe aufgießen, sodass der Reis immer mit Flüssigkeit bedeckt ist.
9. Unter oftmaligem Rühren etwa **18 Minuten** kochen lassen.
10. Salzen, pfeffern und mit kalter Butter, Mascarpone und Parmesan verfeinern.

Fertigstellung

11. Die Jakobsmuscheln mit Olivenöl bestreichen und auf beiden Seiten etwa **2 Minuten** grillen oder braten.
12. Den Risotto auf Teller geben und den Honig-Chicorée darauf anrichten. Die Jakobsmuscheln darauflegen und mit Salzblüte und Kümmelkraut garniert servieren.

Tipp **Sie können den Risotto auch mit einem gebratenen Lachsfilet oder Garnelen servieren.**

SAFRANRISOTTO mit Miesmuscheln und Fenchel

4 Personen · 30 Minuten · mittelschwer

Miesmuscheln

1 kg **Miesmuscheln**
2 EL **Olivenöl**
125 ml **Weißwein**

Safranrisotto

80 g **Zwiebeln**
120 g **Fenchel,** in Würfel geschnitten
2 EL **Olivenöl**
280 g **Rundkornreis** (Arborio, Carnaroli oder Vialone Nano)
50 ml **Weißwein**
1 l **heiße Gemüsebrühe** (siehe Seite 26) oder heißes Wasser
200 ml **Muschelfond** oder Wasser
1 Pkg. **Safran,** in Wasser aufgelöst oder 1 Prise Safranfäden
Salz
Pfeffer aus der Mühle
40 g **kalte Butter**
30 g **Parmesan,** gerieben

Weiteres

12 **Fenchelspalten,** in Butter gebraten
Fenchelgrün zum Garnieren

Miesmuscheln

1. Die Muscheln waschen, putzen und den Bart entfernen.
2. In einem zugedeckten Kochtopf mit Olivenöl erhitzen und mit etwas Weißwein ablöschen.
3. Etwa **4 Minuten** garen, bis alle Muscheln geöffnet sind.
4. Den Muschelfond abseihen und bereitstellen.
5. Die Muscheln aus den Schalen ausbrechen und ebenfalls bereitstellen.

Safranrisotto

6. Zwiebeln schälen, fein schneiden und mit den Fenchelwürfeln in Olivenöl etwa **3 Minuten** andünsten.
7. Den Reis zugeben und bei milder Hitze und unter ständigem Rühren glasig werden lassen.
8. Mit Weißwein ablöschen und die Flüssigkeit vollständig einkochen.
9. Nach und nach mit Gemüsebrühe und Muschelfond aufgießen, sodass der Reis immer mit Flüssigkeit bedeckt ist.
10. Unter oftmaligem Rühren etwa **18 Minuten** kochen lassen, bis der Risotto bissfest, die Konsistenz aber cremig ist.
11. Den Risotto mit Safran, Salz und Pfeffer abschmecken und mit kalter Butter und Parmesan verfeinern.

Fertigstellung

12. Die Muscheln zum Risotto geben, auf Tellern anrichten und mit gebratenem Fenchel und Fenchelgrün garniert servieren.

Tipp **Sie müssen die Muscheln nicht aus den Schalen brechen, sondern können sie auch so zum Risotto geben.**

RISOTTO
mit Sashimi von der Lachsforelle und Pfefferöl

4 Personen | 40 Minuten | leicht

80 g **Zwiebeln**
2 EL **Olivenöl**
280 g **Rundkornreis** (Arborio, Carnaroli oder Vialone Nano)
1 l **heiße Tomatenbrühe** (siehe Seite 28) oder Gemüsebrühe
Salz
Pfeffer aus der Mühle
40 g **kalte Butter**
30 g **Parmesan,** gerieben
200 g **Lachsforelle** oder Lachs, in hauchdünne Scheiben geschnitten
1 TL **Salzblüte** (Fleur de Sel)
4 TL **Pfefferöl** (siehe Tipp)
Dillspitzen zum Garnieren

1. Zwiebeln schälen, fein schneiden und in Olivenöl andünsten.
2. Den Reis zufügen und unter Rühren glasig werden lassen.
3. Mit einem Teil der heißen Tomatenbrühe aufgießen und mit Salz und Pfeffer würzen.
4. Nach und nach mit der restlichen Tomatenbrühe aufgießen, sodass der Reis immer mit Flüssigkeit bedeckt ist.
5. Unter oftmaligem Rühren etwa **18 Minuten** kochen, bis der Risotto bissfest, die Konsistenz aber cremig ist.
6. Mit kalter Butter und Parmesan verfeinern.
7. Den Risotto auf Teller geben und die rohen Lachsforellenscheiben darauf anrichten. Mit Salzblüte und Pfefferöl würzen und mit Dillspitzen garniert servieren.

Tipps **Sie können auch etwas Tomatenmark unter den Risotto rühren.**

Anstelle von Lachsforelle können Sie Thunfisch, Steinbutt oder Saibling verwenden.

Für das Pfefferöl werden zerstoßene rosa und schwarze Pfefferkörner in Olivenöl eingelegt.

RISOTTO
mit Scampi und Kapuzinerkresse

4 Personen | 50 Minuten | leicht

Risotto
40 g **Schalotten** oder Zwiebeln
1 EL **Butter**
280 g **Rundkornreis** (Arborio, Vialone Nano oder Carnaroli)
1 EL **Tomatenmark**
125 ml **Weißwein**
1 l **heiße Gemüsebrühe** (siehe Seite 26) oder heißes Wasser
Salz
Pfeffer aus der Mühle
100 g **Sauerrahm**
40 g **Parmesan,** gerieben

Scampi
400 g **Scampi** (Kaisergranat, 4 Stück)
2 EL **Olivenöl**
rosa Pfeffer, gemahlen
Salzblüte (Fleur de Sel)

Weiteres
Kapuzinerkresse zum Garnieren
Olivenöl zum Garnieren

Risotto
1. Schalotten schälen, in kleine Würfel schneiden und in Butter andünsten.
2. Den Reis dazugeben und unter ständigem Rühren glasig werden lassen.
3. Tomatenmark zufügen und mit Weißwein ablöschen.
4. Nach und nach mit Gemüsebrühe aufgießen und unter oftmaligem Rühren etwa **18 Minuten** kochen lassen.
5. Mit Salz und Pfeffer würzen und mit Sauerrahm und Parmesan verfeinern.

Scampi

6. Scampi von Schale und Darm befreien, waschen, trocken tupfen und der Länge nach halbieren.
7. Mit Olivenöl marinieren und mit einem Bunsenbrenner etwa **1 Minute** abflämmen oder kurz in der Pfanne braten.
8. Scampi mit rosa Pfeffer und Salzblüte bestreuen.

Fertigstellung

9. Den Risotto auf Tellern anrichten, mit Scampi und Kapuzinerkresse belegen und mit Olivenöl garniert servieren.

Tipp **Sie können die Scampi durch Garnelen, Hummer, Thunfisch oder Steinbutt ersetzen.**

RISOTTO
mit Räucheraal und Kren

4 Personen | 50 Minuten | mittelschwer

40 g **Schalotten** oder Zwiebeln
1 EL **Butter**
280 g **Rundkornreis** (Arborio, Vialone Nano oder Carnaroli)
100 ml **Weißwein**
1 l **heiße Gemüsebrühe** (siehe Seite 26) oder heißes Wasser
Salz
Pfeffer aus der Mühle
100 g **Stracchino-Käse**
20 g **kalte Butter**
40 g **Parmesan,** gerieben
200 g **geräucherter Aal** oder Räucherforelle, in Stücke geschnitten
2 EL **Schnittlauch** zum Garnieren
1 EL **Kren,** gerieben

1. Schalotten schälen, in kleine Würfel schneiden und in Butter andünsten.
2. Den Reis dazugeben und unter ständigem Rühren glasig werden lassen.
3. Mit Weißwein ablöschen und nach und nach mit Gemüsebrühe aufgießen, sodass der Reis immer mit Flüssigkeit bedeckt ist.
4. Unter oftmaligem Rühren etwa **18 Minuten** kochen lassen.
5. Den Risotto salzen, pfeffern und mit Stracchino, Butter und Parmesan verfeinern.
6. Auf Teller verteilen und den geräucherten Aal darauf anrichten.
7. Mit Schnittlauch und frisch geriebenem Kren garniert servieren.

Tipps **Anstelle von Räucheraal können Sie geräucherten Saibling, Stör oder Lachs verwenden.**

Den Stracchino können Sie durch Ziegenfrischkäse oder Burrata ersetzen.

192

194

196

198

Süßes

MILCHREIS
mit Waldbeeren

4 Personen | 30 Minuten | leicht | vegetarisch

1 l **Milch**
1 Msp. **Salz**
1 Msp. **Zitronenschale,** abgerieben
1 Stück **Zimtstange**
2 **Gewürznelken**
200 g **Rundkornreis** (Arborio, Carnaroli oder Vialone Nano)
20 g **kalte Butter**
40 g **Zucker**
½ TL **Zimt**
50 g **braune Butter** zum Abschmälzen
100 g **Wildpreiselbeeren** zum Garnieren
100 g **Waldheidelbeeren** zum Garnieren

1. Milch mit Salz, Zitronenschale, Zimtstange und Gewürznelken erwärmen.
2. Den Reis dazugeben und zum Kochen bringen.
3. Unter Rühren etwa **20 Minuten** kochen, bis der Reis weich ist.
4. Butter und 2 EL Zucker unterrühren und den Milchreis auf Teller verteilen.
5. Restlichen Zucker und Zimt vermischen und den Milchreis damit bestreuen. Mit brauner Butter abschmälzen und mit den Beeren garniert servieren.

Tipps **Sie können auch Sultaninen unter den Milchreis mischen.**

Servieren Sie dazu Apfelkompott oder marinierte Beeren, z. B. Erdbeeren, Himbeeren, Walderdbeeren oder Johannisbeeren.

SÜSSER RISOTTO mit karamellisierten Feigen

4 Personen | 40 Minuten | leicht | vegetarisch

Risotto

200 g **Rundkornreis** (Arborio, Carnaroli oder Vialone Nano)
400 ml **Apfelsaft**
500 ml **Vanillemilch** oder Milch
200 g **Äpfel,** geschält und in kleine Würfel geschnitten
30 g **Rosinen**
100 g **Feigen,** püriert
50 ml **Sahne**

Karamellisierte Feigen

40 g **Staubzucker**
50 ml **Süßwein** oder Weißwein
2 EL **kalte Butter**
4 **Feigen**

Risotto

1. Den Reis unter ständigem Rühren glasig werden lassen und mit etwas Apfelsaft ablöschen.
2. Nach und nach mit Vanillemilch und dem restlichen Apfelsaft aufgießen, sodass der Reis immer mit Flüssigkeit bedeckt ist.
3. Unter ständigem Rühren etwa **18 Minuten** kochen lassen.
4. Äpfel, Rosinen und Feigenpüree unterrühren und mit Sahne verfeinern.

Karamellisierte Feigen

5. Staubzucker in einer beschichteten Pfanne schmelzen lassen und mit Süßwein ablöschen.
6. Karamell etwas einkochen lassen und mit Butter binden.
7. Feigen in Scheiben schneiden, zum Karamell geben und leicht erwärmen.

Fertigstellung

8. Den Risotto auf Teller geben und die karamellisierten Feigen darauf anrichten.

Tipp **Besonders gut eignen sich violette Feigen.**

HOLUNDERRISOTTO mit Zwetschgen

4 Personen | 40 Minuten | leicht | vegetarisch

200 g **Rundkornreis** (Arborio, Carnaroli oder Vialone Nano)
100 ml **Holunderwein** oder 4 EL Holundersirup
800 ml **Traubensaft** oder Wasser
30 g **kalte Butter**
120 ml **Sahne**
200 g **eingelegte Zwetschgen** (Zwetschgenröster)
Zitronenverbene oder Holunderblüten zum Garnieren

1. Den Reis unter ständigem Rühren glasig werden lassen und mit Holunderwein ablöschen.
2. Nach und nach mit Traubensaft aufgießen, sodass der Reis immer mit Flüssigkeit bedeckt ist.
3. Unter ständigem Rühren etwa **18 Minuten** kochen lassen.
4. Den Risotto mit kalter Butter und Sahne verfeinern.
5. Auf Tellern anrichten und mit eingelegten Zwetschgen und Zitronenverbene garniert servieren.

Tipps **Um Zwetschgen einzulegen, frische Zwetschgen in Spalten schneiden, mit Zucker und Portwein etwa 5 Minuten kochen und mit Speisestärke binden.**

Anstelle von eingelegten Zwetschgen können Sie Marillenkompott verwenden.

KAKIRISOTTO mit Pfefferminzöl

4 Personen | 40 Minuten | leicht | vegetarisch

200 g **Rundkornreis** (Arborio, Carnaroli oder Vialone Nano)
120 ml **Süßwein** oder Traubensaft
700 ml **Milch**
200 g **Kaki,** geschält und in Stücke geschnitten
30 g **kalte Butter**
30 g **Honig**
120 ml **Sahne**
1 **Kaki,** in Scheiben geschnitten, zum Garnieren
2 EL **Pfefferminzöl** (siehe Tipp) zum Garnieren

1. Den Reis unter ständigem Rühren glasig werden lassen.
2. Mit Süßwein ablöschen und mit einem Teil der Milch aufgießen.
3. Nach und nach mit der restlichen Milch aufgießen, sodass der Reis immer mit Flüssigkeit bedeckt ist.
4. Unter ständigem Rühren etwa **18 Minuten** kochen lassen.
5. Die Kaki unterrühren und mit kalter Butter, Honig und Sahne verfeinern.
6. Den Risotto auf Tellern anrichten und mit Kakischeiben und Pfefferminzöl garniert servieren.

Tipps **Für das Pfefferminzöl werden 20 g Pfefferminze in Streifen geschnitten und in 50 ml mildem Oliven- oder Traubenkernöl eingelegt.**

Sie können die Kaki durch Mango oder Drachenfrucht ersetzen.

Das **Autorenteam** bedankt sich bei folgenden **Partnern:**

Algunder SENNEREI

Handwerkliche Produktion

sennereialgund.it

AROMICA

GEWÜRZMANUFAKTUR

aromica.de

foppa

TASTE SUPPORTER

Wir liefern das Beste für Ihre Gäste.

foppa.com

SPEZIALBIER-BRAUEREI FORST BIRRA-BIÈRE-BEER-BIER

Das Bier der Heimat.

forst.it

Recla

Leidenschaft seit Generationen

recla.it

RÖMERHOF

Der erste Reis aus Südtirol.

Christian Giovanett: christianom513@gmail.com

AUTOREN

Heinrich Gasteiger, Küchenmeister und langjähriger Kochfachlehrer an der Hotelfachschule *Kaiserhof* in Meran. Gilt als Lenker und Denker in allen Bereichen des Kochens. Auslandstätigkeiten in den renommierten Küchen der europäischen Spitzenhotellerie (Gstaad, Lugano, Seefeld, München ...). Kreativer Produktentwickler für Lebensmittel und innovativer Food-Designer im Lebensmittel- und Feinkostbereich.

Gerhard Wieser, Küchenmeister und diplomierter Diätkoch. Küchenchef im Gourmetrestaurant *Castel Fine Dining* im 5-Sterne-Hotel *Castel* in Dorf Tirol, das er u. a. zu zwei Michelin-Sternen und fünf Gault-&-Millau-Hauben führte. Er sammelte Erfahrungen bei Spitzenköchen in Europa und Asien. Engagierter Produktentwickler für Lebensmittel und Feinkost. Ausgezeichnet vom Schlemmer-Atlas als Spitzenkoch des Jahres 2023.

Helmut Bachmann, Küchenmeister und langjähriger Fachlehrer an der Gastgewerblichen Berufsschule *Emma Hellenstainer* in Brixen. Für die italienische Köche-Nationalmannschaft nahm er an Wettbewerben in Frankfurt, Luxemburg, Basel, Chicago und Wien teil und wurde mit mehreren Goldmedaillen ausgezeichnet. Mitglied im Weltbund der Kochverbände als WACS-GLOBAL MASTER CHEF.

GLOSSAR UND KÜCHENSPRACHE

Austernkraut
an den nordatlantischen Küsten zu Hause; so etwas wie der pflanzliche Ersatz der Auster. Von dieser trägt das Kraut nicht nur den Namen, es schmeckt auch sehr ähnlich.

Bärlauch
Wildgemüse; verwandt mit Zwiebel, Schnittlauch und Knoblauch; schmeckt scharf und intensiv nach Knoblauch

Bottarga
gesalzener, gepresster und an der Luft getrockneter Fischrogen

Borretsch
ursprünglich im Mittelmeerraum angebaute Blüten und Blätter; auch Gurkenkraut genannt, weil der Geschmack mit jenem von Gurken vergleichbar ist

Burrata
ist genauso wie Mozzarella ein italienischer Filata-Käse, der vor allem aus Kuhmilch hergestellt wird und einen dickflüssigen Kern aus Sahne und Frischkäse (Stracciatella di Burrata) hat

Cime di Catalogna (Puntarelle)
ist im deutschsprachigen Raum auch unter dem Namen Spargelchicorée bekannt

Graukäse
aus Magermilch hergestellter fettarmer Sauermilchkäse, außen gräulich, innen weiß. Er sticht in der Nase, ist aber wunderbar aromatisch.

Guanciale
aus Schweinebacke oder Schweinenacken hergestellter luftgetrockneter, nicht geräucherter Speck; wichtige Zutat für Spaghetti alla carbonara

Guter Heinrich
auch Wilder Spinat genannt

Hopfendolden
zapfenförmige weibliche Blüten der Hopfenpflanze

Kalbsbries
Thymusdrüse vom Milchkalb

Kaminwurzen
kalt geräucherte Wurst aus Rindfleisch und Schweinefleisch; Südtiroler Spezialität

Karde
diestelartige Pflanze mit stacheligem Stängel, bei der nur der Stängel essbar ist

Lardo di Colonnato
ist eine toskanische Spezialität; hierfür wird der Rückenspeck (nur der weiße Teil) von Landschweinen mit Salz und Gewürzen eingerieben und reift etwa drei bis sechs Monate in Trögen aus Carrara-Marmor

Panko-Brösel
Paniermehl aus Brotkrumen aus der japanischen Küche; wird aus Weißbrot ohne Kruste hergestellt und ist heller als Semmelbrösel

Pimpinelle
würziges Küchenkraut mit gurkenähnlichem Geschmack

Pioppini
Samthaube oder südlicher Schüppling genannter Speisepilz; vor allem in Italien und Frankreich sehr beliebt

Quinoa
Pseudogetreide aus den Anden; glutenfrei und Getreideersatz für Zöliakie-Betroffene

Radicchio di Treviso
Radicchio mit langen, weinroten und nach oben spitz zulaufenden Blättern mit weißer Rippe und zartbitterem Geschmack

Ricotta
anders als andere Frischkäsesorten, nicht aus Milch, sondern aus Molke gewonnen. Diese fällt bei der Erzeugung anderer Käsesorten an und wird für die Ricotta-Herstellung gesäuert und erhitzt.

Ricotta Sarda
aus Schafsmilch hergestellter geräucherter Ricotta

Salame felino
italienische Salami mit geschützter Herkunftsbezeichnung; stammt ursprünglich aus Felino (Provinz Emilia)

Salsiccia
grobe Schweinsbratwurst; oft mit Fenchelsamen gewürzt

Sashimi
japanische Zubereitungsart von rohem Fisch und Meeresfrüchten und dafür geeigneter hochwertiger Fisch

Soppressa
Salami aus Schweinefleisch

Stockfisch
durch Lufttrocknung haltbar gemachter Fisch, meist Kabeljau

Stracchino
kurz gereifter italienischer Weichkäse

Tahini
Paste aus gemahlenen Sesamsamen; kommt ursprünglich aus der arabischen Küche

Taleggio
norditalienischer Weichkäse

Tropea-Zwiebeln
Zwiebelsorte aus der Region Kalabrien; zeichnet sich durch eine purpurrote Farbe und einen süßen Geschmack aus

Vin Santo
klassischer Süß- oder Dessertwein aus luftgetrockneten Trauben der Rebsorten Trebbiano und Malvasia

Wildreis
kein Reis; nordamerikanische Süßgrasart mit nussig schmeckenden, schwarzen Samen, länger als Reiskörner

Yuzu-Zitronen
Zitrusfrucht mit säuerlich-frischem Aroma, das eher an Grapefruit erinnert als an Zitronen

Unsere Rezeptsammlungen

480 Seiten, Hardcover,
über 1500 Farbfotos, 20×26 cm
ISBN **978-88-6839-200-0**

552 Seiten, Hardcover,
über 400 Farbfotos, 19×23,3 cm
ISBN **978-88-6839-099-0**

636 Seiten, Hardcover,
über 1000 Farbfotos, 19×23,3 cm
ISBN **978-88-8266-341-4**

552 Seiten, Hardcover,
über 400 Farbfotos, 19×23,3 cm
ISBN **978-88-8266-202-8**

276 Seiten, Hardcover,
über 250 Farbfotos, 19×23,3 cm
ISBN **978-88-8266-905-8**

168 Seiten, Hardcover,
110 Farbfotos, 19×23,3 cm
ISBN **978-88-6839-221-5**

176 Seiten, Hardcover,
110 Farbfotos, 19×23,3 cm
ISBN **978-88-6839-353-3**

168 Seiten, Hardcover,
110 Farbfotos, 19×23,3 cm
ISBN **978-88-6839-362-5**

156 Seiten, Hardcover,
110 Farbfotos, 19×23,3 cm
ISBN **978-88-6839-036-5**

208 Seiten, Hardcover,
100 Farbfotos, 19×24,5 cm
ISBN **978-88-6839-675-6**

192 Seiten, Hardcover,
100 Farbfotos, 19×24,5 cm
ISBN **978-88-6839-879-8**

192 Seiten, Hardcover,
100 Farbfotos, 16,5×24 cm
ISBN **978-88-6839-549-0**

256 Seiten, Integralbindung,
210 Farbfotos, 16,5×24 cm
ISBN **978-88-6839-498-1**

96 Seiten, Hardcover,
80 Farbfotos, 17×22,3 cm
ISBN **978-88-6839-515-5**

96 Seiten, Hardcover,
80 Farbfotos, 17×22,3 cm
ISBN **978-88-6839-608-4**

96 Seiten, Hardcover,
80 Farbfotos, 17×22,3 cm
ISBN **978-88-6839-712-8**

Viele Titel sind auch in italienischer Sprache erhältlich!

Drei Küchenmeister, ein Ziel: **Heinrich Gasteiger, Gerhard Wieser** und **Helmut Bachmann** wollen der traditionsreichen Südtiroler und italienischen Küche ein zeitgemäßes, innovatives und kreatives Gesicht geben – und sie mit leicht verständlichen, garantiert gelingenden Rezepten allen zugänglich machen, die das Kochen lieben. Das Ergebnis der Zusammenarbeit des „So kocht Südtirol"-Teams kann sich sehen lassen: **Über 1,3 Millionen Exemplare** von über 90 erschienenen Kochbüchern haben Gasteiger, Wieser und Bachmann in den letzten zwei Jahrzehnten zu Bestsellerautoren im Alpenraum gemacht. Mehrere Bücher wurden bereits ausgezeichnet, zuletzt **Die große „So kocht Südtirol"-Kochschule** mit der Goldmedaille der Gastronomischen Akademie Deutschlands (GAD), der Silbermedaille beim swiss gourmetbook award und dem österreichischen Kochbuchpreis PRIX PRATO.

So kocht Südtirol

REGISTER

Stichwörter mit **schwarzen** Seitenzahlen befinden sich im ersten Teil des Buches (Wissenswertes). Stichwörter mit **roten** Seitenzahlen befinden sich im zweiten Teil des Buches (Rezepte).

Bibliografische Information der Deutschen Nationalbibliothek
Die Deutsche Nationalbibliothek verzeichnet diese Publikation in der Deutschen Nationalbibliografie; detaillierte bibliografische Daten sind im Internet abrufbar: http://dnb.d-nb.de

Bildnachweis
Foto Studio R – Robert Martelli: 16 (Bierglas)
mauritius images / Alamy Stock Photos: 18 oben (A. Astes)
Daniele Paternoster: Umschlag-Rückseite, 23
Heike Santer: 13
stock.adobe.com: Umschlag-Vorderseite (Anastasiia Nurullina), Vorsatz (Qualit Design), 4 + 202 unten (alexandrakuz), 5–7 (JeannaDraw; Maria.Epine; Tartila), 10 (coco), 11 (m_k_), 12 (zhane luk), 14 (Maksim Shebeko), 15 (Oleksandr Prokopenko), 16 (Tatjana Baibakova), 18 unten links (Marco Mayer), 19 (Joern Rynio), 21 (Atlas Studio), 22 unten links (Da-ga), 191 (Natalia Zakharova)
Alle übrigen Aufnahmen stammen von Günther Pichler, Eggen, www.gpichler.com

2. Auflage 2025

Weinbergweg 7
I-39100 Bozen
buchverlag@athesia.it

Redaktion: J. Christian Rainer, Meran
Lektorat: Kathrin Kötz, Auer
Design & Layout: Athesia-Tappeiner Verlag
Bildbearbeitung: Typoplus, Frangart
Druck: Printer Trento
Papier: Vorsatz Magno Natural, Innenteil Ultramatt

Gesamtkatalog unter
www.athesia-tappeiner.com

ISBN 978-88-6839-753-1
ISBN 978-88-6839-754-8 (e-Book)

FSC www.fsc.org MIX Papier | Fördert gute Waldnutzung FSC® C015829

Dieses Buch wurde der Umwelt zuliebe nicht mit einer Schutzfolie eingeschweißt.